社会は「私」をどうかたちづくるのか

牧野智和 Makino Tomokazu

★──ちくまプリマー新書

487

はじめに

　本書を手に取ってくださった方々は、タイトルのなかにある「私」という言葉に何かしら気になるところがあってページをめくり始めたのではないかと思います。その「私」について考えようとして、たとえば「「私」って何だろう?」と問うてみるとき、「私」はどのようなものとしてみえてくるでしょうか。この問いかけからは、「私」という存在は何なのか、「私」という現象はどのようなものなのか、というように「私」はその本質や内実を掘り下げて捉えられるもの、哲学・脳科学・心理学などがそれに最も近づくことのできるもの、といった印象を抱くのではないでしょうか。

　これはこれでよいとして、問いかけ方を次のように変えてみるとき、「私」はどのようにみえてくるでしょうか。「「私」はなぜ他でもなく、今のような「私」であるのか?」。本書の読者の皆さんにはそれぞれ、これまでのかけがえのない人生経験があると思います。あの人に出会ったこと、あの出来事があったこと、この家族で育ったこと、この学校に通ったこと、この仕事をしていること、この街で過ごしたこと、あの本を読んだこと、SNSに影響を受けたこと、そしてこの現代の日本で生きていること、などなど。問いかけ方をこのように変えてみると、さまざまな実際のヒト・モノ・コトが、今のように意識し、考え、感じ、ふるまい、語る「私」をつくっているのだ、というように思えてくるのではないでしょうか。

そこから、考えを一歩進めてみましょう。「では、どのように?」。今述べたさまざまなことがらは、それぞれどのように「私」を形づくることにかかわっているのでしょうか。友人や家族などの誰かの存在、本やSNSなどのメディアの影響、そしてより広い社会的状況はそれぞれどのようなかたちで「私」の構成に関与しているのでしょうか。本書はこのような「私」の社会的成り立ちについて、このことに最も関心を寄せて考えてきた「社会学」の立場から考えようとするものです。

このように考えていくことにはどのような意味があるでしょうか。これについても、今日において「私」が置かれている社会的状況という観点から述べてみたいと思います。先日、ある雑誌の取材を受けたときに編集部の方から、変わりたいのだけど「自分を変えられない」ことに悩んでいる読者が多くいるというお話を聞いたことがありました。その後そうした読者への啓発的なアドバイスを求められ、筆者はあまりそういうことは得意ではないのですが、先に述べたような観点からこう話しました。社会学の立場では、自分は自分だけで変わることができるとはあまり考えず、他者との関係性や、自分たちが埋め込まれている社会的文脈の影響をつねに受けており、自分を変えるために利用可能な資源も社会的状況によって異なるという考え方をします。なので、もし「自分を変えられない」ことに悩んでいて、かつそれを自分一人の力で行おうと考えているのであれば、まずは自分のまわりを見直してみるとよいかもしれませんね、というように。

今の話には、次のように言い足すこともできると思っています。自分で自分を変える（変えられる）という考え方は、自分一人でものごとが完結するような考え方だといえます。このような自己完結的な考え方は、うまくいっているときは「私は私が思うように生きているんだ」として気持ちよく過ごせるかもしれませんが、うまくいかないときは「人生で起こる問題はすべて自分の責任なんだ」「問題はすべて自分で解決しないといけないんだ」となって、自らを苦しめてしまいかねません。そして、このような考え方は近年になってより強まっている考え方なのではないかと思われます。というのは、筆者は自己啓発書、つまり人々にあるべき考え方や生き方を説くマニュアル本の歴史的変遷——そこから各時代の社会的規範がみえてくると考えて——を研究テーマの一つにしているのですが、特に二〇〇〇年代になってそうした考え方を主張する啓発書が多くなり、一〇年代にはそれがさらに強まる傾向がみられるためです。ここから、自己完結的な考え方が社会的に望まれている程度の、あるいはそうあるべきだという圧の高まりを推察できると筆者は考えています。

「私」の社会的成り立ちについて考えていくことは、このような自己完結的な考え方を解きほぐすことにつながると思っています。ここで断っておきたいのですが、「私」が社会的に形づくられていると考えることは、「私」の成り立ちを「他の誰かのせいにする」というようなことでは決してありません。また、それぞれの思いや考え、かけがえのない人生経験をないがしろにするようなことでもありません。むしろ、「私」がさまざまなかたちで他の誰かと、また社会と結びついていることを考えることは、「私」はもっと他でもありえるのかもしれない、今悩んでいることは自分だけが悩んでいる問題ではないのかもしれない、あの人と自分は似たような状況に置かれているのかもしれない、というように「私」をめぐる風通しをよくすることにつながるものだと筆者は考えています。そして、「私」の風通しをよくすることは、自らの身のまわり、ひいてはこの社会の風通しをよくすることにつながっていく可能性があるとも考えています。

風の通る道は多くあった方がいいと思うので、本書では「私」の社会的成り立ちについて考える観点をできるだけさまざまなかたちで紹介していくつもりです。まず第1章では質問紙調査データの分析から、数字という分かりやすい道具を使って「私」と社会がさまざまなかたちで結びついていることを示していきます。第2章では社会学における自己論の基礎をなす理論をみながら、「私」のあり方に他者がどう関係しているのかを考えていきます。第3章では現代社会のめまぐるしい変容のなかで「私」はどのような影響を受けているのか、国内外のさまざまな議論を紹介します。第4章では歴史的な観点をとったり、資料を広く集めたりしながら「私」の成り立ちを分析しようとするアプローチとその成果についてみていきます。そして第5章では、人々の「私」についての語りを聴き取る質的調査の観点を紹介したうえで、全体的なまとめを行います。

本書を読み終えたとき、「私」という存在についてよく分かった！　という気持ちにはならず、むしろ「私」について気になることが色々と増えてしまったと思うかもしれません。でも、それこそが本書の狙いです。とはいえ、意気込んで押しつけるようなつもりはまったくありませんので、まずは読み物として気軽にページをめくってもらえればと思います。

目次 ＊ Contents

第2章　他者と「私」

第3章　現代社会における「私」

凡例

本文中でタイトルを示している本や論文については、『書名』「論文名」のあとに（　）内で刊行年を示しています。このうち海外の刊行物については、日本語の翻訳があるものについては（初版刊行年＝翻訳版刊行年）という表記を、翻訳がないものについては（初版刊行年）という表記をしています。本文中でタイトルを示していない本や論文については、日本語で刊行されたもの（牧野二〇一二）、翻訳されたもの（フーコー一九七五＝一九七七）、翻訳がないもの（Rose 1985）、というようにそれぞれ示します。紹介・参照した文献についてはそれぞれ、巻末の参考文献に書誌情報を記載しています。

第1章　数字でみる「私」

「私」が社会的に形づくられている、といっても、それが具体的にどういうことなのかいまいちピンとこないかもしれません。そこでこの第1章では質問紙調査のデータ、つまり数字という強力な説明の道具を使って、「私」と社会とを関係づけて捉える見方・考え方について例示していこうと思います。

この「ちくまプリマー新書」の主たる読者は若い方々だと思うので、自分にあてはめて考えてもらえるように、ここでは若者を対象とした調査のデータを使っていくことにします。以下では、筆者もその一員としてかかわっている社会学者の研究グループ「青少年研究会」が二〇二二年に行った二つの若者調査のデータを主に用いていきます（調査概要は表1）。

1　時代のなかの「私」

広くいって、「私は私が思うように生きているんだ」と素朴には考えられているかもしれません。この章ではまず、そのような考え方を四つの観点から見直していきたいと思います。

一つめは「時代」という観点です。主に用いる二つの若者調査のうち、都市調査は一九九二年から一〇年おきに行われているものなので、各時点の意識のあり方を比較することができます。二〇一二年までの動向については、研究会がまとめたいくつかの本にまとめられているのでそちらをみていただくとして、本書では一二年と二二年の間の変化について考えていくことにしましょう（二二年調査については、二二年調査と同様の方法で調査がなされていますが、細かいところは研究会がまとめた本、もしくは研究会のホームページをご覧ください）。

表2は、「私」に関して思ったり感じたりしていることとしての「自己意識」に関する設問の回答傾向について、都市調査の二時点間で変化がみられた項目をまとめたものです。ここでいう「変化がみられた」というのは、統計的検定の結果、有意な差がみられたということを意味しています。もう少しかみ砕いて説明すると、表2での経年変化には、三％くらいしか変わっていないものから一〇％以上変わっているものまで色々とありますよね。こうした変化が誤差の範囲に過ぎないものなのか、誤差では片づけられない確かな（意味のある）差だとみるべきなのかを、調査データにもとづく計算結果から判断するのが統計的検定という手続きです。青少年研究会調査には、自己意識に関する設問が他にも多く含まれているのですが、そのうち統計的検定の結果、確かに差があると判断された項目を表2に掲載してい

	都市若者調査	全国若者調査
調査時期	2022年11月～2023年2月	
調査対象	東京都杉並区、兵庫県神《こう》戸《べ》市《し》灘《なだ》区《く》・東灘区在住の16～29歳男女	全国の16～29歳男女
抽出方法	住民基本台帳を用いた層化二段無作為抽出	
調査方法	調査員による訪問留置回収法（一部郵送回収法併用）	
計画サンプル	2400	2400
サンプル回収率	26.5%	38.6%

表1　青少年研究会2022年調査の概要

項目	2012	2022
今の自分が好きだ	65.3	72.9
今のままの自分でいいと思う	51.4	63.1
自分がどんな人間かわからなくなることがある	48.9	51.7
仲のよい友だちでも私のことをわかっていない	28.0	34.0
意識して自分を使い分けている	49.4	57.4
自分の中には、うわべだけの演技をしているような部分がある	55.7	52.6
他人とは違った、自分らしさを出すことが好きだ	56.6	52.8
自分らしさを強調するより、他人と同じことをしていると安心だ	35.0	46.1

※それぞれ、項目について「そう思う」「どちらかといえばそう思う」「どちらかといえばそう思わない」「そう思わない」のいずれかを回答してもらう4件法の設問になっている。表に掲載されている数値は肯定回答率、つまり「そう思う」「どちらかといえばそう思う」の合算値である（無回答は集計から除外している。ここまでについては以降、表7まで同様）。有意水準は5%で、肯定回答率の多い方に網掛けをしている（これについては表5まで同様）。

表2　自己意識の経年比較（%）

ます（表2から表5までは、カイ二乗検定という手法を用いた結果を掲載しています。また、本書では統計的検定についてはごく簡単な説明しかしていないので、興味のある方は専門の本を読んでみてください）。とはいえ、表に示されている差は数％の差、つまり程度差であって、こちらの方が白、あちらの方が黒といったはっきりした区分けが可能になるようなものではありません。

さて、ここからはいよいよ表2の内容をみていくことにしましょう。上から順に傾向を言葉にしていくと、まず最近の若者の方がより「自分が好き」で、「今のままの自分でいい」と思うようになっています。これだけみるとよさそうな傾向だと思われるかもしれませんが、その一方で近年の方が「自分がどんな人間かわからなくなること」があり、「仲のよい友だちでも私のことをわかっていない」と思うようにもなっています。自分自身にとっても、仲のよい友だちも自分のことが分からないと思っているのに、そんな自分が好きで、そのままでいいと思っているというのは、何となく矛盾しているようにみえないでしょうか。

解釈の素材を足すために、表2下側の項目もみていきましょう。近年の方が「意識して自分を使い分け」るようになっている一方で、「うわべだけの演技をしているような部分」はなくなってきています。使い分けが当たり前のこととして、無理なくできるようになっているということなのだと思われます。また、「他人とは違った自分らしさ」は求めず、「他人と同じことをしていると安心だ」と思うようにもなっています。これらの変化について、どのような解釈が可能でしょうか。

筆者は、次のように考えると、経年変化の全体を貫く解釈ができるのではないかとみています。解釈の軸として選びたいのは表2の最後の二項目、他人に合わせることに関する項目です。二〇〇〇年代中頃あたりから数年ほど、「空気を読む」という言葉がよく使われた時期がありましたが、他人に合わせることについての肯定回答率が近年さらに高まっていることを考えると、そのような感覚は実態としてますます強まっているとみてよいでしょう。こうした感覚の強まりに関して考えないわけにはいかないのが、この一〇年間でほぼ「インフラ」のようになったスマートフォンやSNSの定着です。一二年の時点でもスマートフォン利用者は七二・八%いましたが、二二年では実に九九・七%に達しています。SNSについても、一二年時点で七六・四%が何らかのSNSを利用していましたが、二二年では九三・九%とやはり非常に高い値になっています。さらに二二年調査では「もっともよく使うSNSでは、複数のアカウントを使い分けている」という質問項目を設けており、その肯定回答率は五七・二%とかなり高くなっています。LINEの登録グループ数も平均四〇・三にものぼります。さまざまな人といつでも・どこでも、さまざまなかたちでつながりうるこのような状況において、そうした人たちの目が気になり、まわりに合わせた方がいいという感覚が強まってくるのは自然な流れだといえるでしょう。

また、こうした状況は自己の使い分けを以前より加速させることにもなるでしょうが、自分の思い通りにできる細かい操作や切り分けが今日では可能になっており、負担がかかる場からの撤退も以前よりは容易になっているために、うわべだけの演技をしているという感覚が低減することになるのだと考えられます。ただ、こうした使い分けの加速は自分自身にとっても自らを見失わせることになり、仲のよい友だちであっても知りえない側面を発生させることになります（実際、これらの項目の回答傾向は相関しています）。ですが、全体としてまわりに合わせた方がいいという感覚が強まっているなかで、自分をうまく使い分け、波風立てずにふるまうことのできている自分自身に満足して、まあそれでいいかと思っているというのが近年の若い人たちの自己意識の総体的傾向なのではないでしょうか。表2でみた傾向変化は青少年研究会が行った全国大学生調査の二〇一〇年・二〇年データを比較してもおおむね同様といえるので（牧野二〇二四）、二〇一〇年代後半以降の日本の若者に生じた、自己意識の確かな変化といってよいように思われます。

「自分のことが好き」かどうかといったことは、一見してごく主観的なことがらで、社会とは何の関係もないものだと感じられるかもしれません。しかし、このように時代のなかで変わっていく側面があるのです。こうした変化の原因を考えていこうとするとき、その項目だけをみていても限界があります。他の自己意識項目の変化や、それ以外の項目との関係を合わせてみていくことで、一見主観的なことがらがどのように社会のなかで変化しているのかを考えていくことができるわけです。

また、このように調査データにもとづいて考えることそれ自体の重要性も指摘しておきたいと思います。マスメディアやインターネット上では、「最近の若者は自己肯定感が下がっている」というようなことがしばしば言われ、そうした通説がときに教育改革の根拠として持ち出されるようなことがあります。日々大学生に接していると、当人たちからそのような見方が示されることもあります。しかし、みてきたように今の自分が好きだという若者は近年むしろ増えているのが実態です。「最近の若者は自己肯定感が下がっている」というような見方は、あてはまりそうなエピソードを思いつきやすいので何となく賛同してしまいそうになるのですが、実態に即して考えていくことで、「私」をめぐる通念から距離をおいて冷静に考えることができるようになるのです。

2　社会的状況による「私」の違い

いまみてきたのは「私」をめぐる経年的な変化でした。「私」についての考え方を見直すための残り三つの観点は、いずれも同時点における内部比較に関するものです。つまり、若者をひとまとめにして考えるのではなく、その社会的属性や置かれた状況によって分けて考えようとするものです。若者を分けて考える観点は色々とありえますが、ここでは「性別」「学生か有職者か」「経済状況」の三点から考えていくことにします。なお、ここからは表1で示した二つの若者調査のデータのうち、全国調査のデータを用いていくことにします。

今どきの「男らしさ」「女らしさ」

先に触れた「最近の若者は自己肯定感が下がっている」というような若者論と同様に、「男は○○」「女は△△」といった見方も世にあふれています。こうした見方も実態にもとづかないさまざまな先入観・固定観念にまみれているのですが、この場合特に問題なのは、それが「本質主義」的な見立てをとることが多いところです。つまり、男性ないし女性は生来的・本能的にこうなのだ、というような。男女に生来的な差がまったくないとはもちろん言

	男性	女性
今の自分が好き	74.6	65.3
他人とは違った、自分らしさを出すことが好きだ	55.1	47.4
たとえ孤立しても自分の主張は通したい	45.0	30.5
自分がどんな人間かわからなくなることがある	41.6	52.1
どこかに今の自分とは違う本当の自分がある	29.6	38.0
今とは違う人生もあったかもしれないと思う	69.7	75.6
大切なことを決めるときに、自分の中に複数の基準があって困ることがある	60.2	70.3
自分のふるまい方が場面によって違っているなと気づくことがある	60.4	69.3
自分の中には、うわべだけの演技をしているような部分がある	45.5	55.3

表3　自己意識の性別差（%）

わないものの、少なくとも自己意識をはじめとした意識や行動のあり方は非常に多くの側面が社会のなかで形づくられ、また変化していくものだと考えた方がよいように思われます。そのような観点から、二〇二二年全国調査のデータをみていきましょう。経年比較と同様に、自己意識項目のなかから統計的に有意な差がみられたものをピックアップした結果が表3です。

表3をみると、男性の方が「自分が好き」で、「他人とは違った自分らしさ」「自分の主張」を押し出していくような傾向があるといえます。一方、女性の方が肯定回答率の高い項目が多く、まず「自分がどんな人間かわからなくなる」傾向や、「今の自分とは違う本当の自分」「今とは違う人生」についてより思いを馳《は》せる傾向があ

ります。また、「大切なことを決めるときに自分の中に複数の基準があって困ること」がより多く、「ふるまい方が場面によって違っている」ことや「うわべだけの演技をしているような部分」をより感じてもいます。素朴にみると、男性の方が積極的で、女性は自己意識に定まりがないと捉えられるかもしれません。

ですが、もう少し複眼的に考えてみましょう。女性の自己意識の傾向は、若い女性が置かれている社会的状況から解釈できるところが大いにあると思われます。まず考えるべきは、ライフコースをめぐる規範との関連です。この調査データ上では、男女間で就業率や雇用形態（正規雇用・非正規雇用など）の違いはほとんどみられないのですが、男性の方が「デートは男性がリードすべきだ」「どんな社会においても、男らしさや女らしさはある程度必要だ」「家事や育児は、夫ではなく妻が中心的に担うほうがよい」「一家の家計を支えるのはやはり男の役割だ」といった、いわゆる性別役割分業を肯定的に捉える傾向があります。つまり、男性の方が従来的な「男らしさ」「女らしさ」を踏襲する傾向があるわけです。

そして、そのような男性において従来的なライフコースは「一家の家計を支える」べく働くことになりますから、自分の人生の行く先も定めやすく、自分自身をふりかえってこれでいいのか疑問を抱くようなことは起こりづらくなると考えられます。むしろ表3上部にあるような押し出しの強さこそが期待されたり、身につけようとされたりすることになるでしょう。しかし女性は従来的な「男らしさ」「女らしさ」を信じる程度が弱く、また実際に今日でも男性に比べると人生の行く先は多元的で不確実な傾向が強いので、今の自分を相対化して捉えるような瞬間がより多く発生するのだと考えられます。このように、女性の自己意識の傾向は素朴に本質主義的なものとして考えるべきではなく、女性の生き方をめぐる規範やそれを支える社会的状況に結びついたものとして捉えられる側面が大いにあります。

また、より日常的なコミュニケーションにおいても、LINEの一日平均メッセージ数は男性一四・三に対して女性一七・七、登録グループ数は男性二四・〇に対して女性二七・一とそれぞれ女性の方が多くなっています（都市調査の平均値と比べるとかなり少なくはあるのですが）。メッセージをやりとりしたり（おそらく一緒に過ごしたり）するグループの細分化したあり方、多くのメッセージをやりとりするコミュニケーションの濃密さが、基準の複数化、ふるまい方の違いや表面性についての気づき、今とは違う自分の想像といった自己意識の社会的性差をつくりだしている側面もまたあるように思われます。こうみてくると、女性の自己意識は「定まりがない」ということではなく、ライフコースやコミュニケーションの多元性に対応して生じた「感度の高さ」ということもできるのではないでしょうか。

ただ、このような傾向もまた状況によって変わってくるものです。二〇二二年全国調査と合わせて実施された中年調査（三〇～五九歳調査）や、二一年都市若者調査で性別比較を行うと、一部の項目は統計的な有意差が同様にみられるものの、有意差がみられなくなる項目もそれぞれ複数出てきます。ですから、分析によって見出《みいだ》された違いは、その時々で若年男性と若年女性が置かれている社会的状況や、性別によって要請・期待されるふるまいのあり方が異なることが自己意識に影響しているとみて、都度その違いのあり方を解釈していく必要があるでしょう。時代や年齢の違いにかかわらず繰り返し観察される性差も一部あるのですが、社会学の立場はそれらについても本質主義的に考えるのではなく、より長い歴史的スパンのなかでいかに形づくられてきたのかを考えていく方に関心をもっているといえます。

「大人になれば」どうなるか？

三つ目の観点として、「学生か有職者か」による自己意識の違いを考えてみましょう。本書を読んでいる方の多くは学生だと思うのですが、社会に出て、いってみれば「大人」になったとき、自分がどう変わっていくと思われるでしょうか。そこで学生と有職者で、自己意識の比較を行ってみたものが表4です。

	学生	有職者
自分なりの生き方を自分自身で選べていると感じる	74.9	69.0
自分には自分らしさというものがあると思う	80.0	71.4
どんな場面でも自分らしさを貫くことが大切だ	61.7	52.5
他人とは違った、自分らしさを出すことが好きだ	55.3	47.9
なりたい自分になるために努力することが大切だ	92.3	86.5
自分にしかできないような仕事や活動がしたい	76.8	60.6

表4　学生と有職者の自己意識の違い（%）

見ての通り、統計的な有意差がみられた項目はすべて学生の方が高い肯定回答率になっています。今日の就職活動では「自分らしさ」や「なりたい自分」「やりたいこと」を考えたり、表現したりする機会が多くあると思われるので、そうしたプロセスを経て実際に職を得て働き始めると、「自分なりの生き方を自分自身で選べている」感覚や「自分らしさ」、「自分にしかできないような仕事や活動をしたい」といった気持ちがより確かになるのではないかとも一見考えられるのですが、実際はその逆の結果になっています。「なりたい自分になるために努力することが大切だ」「自分にしかできないような仕事や活動をしたい」という意識は、実際にそれらが働き始めて成し遂げられたために有職者の方が低くなっていると捉えることもできるのですが、有意差がみられた項目を総合的に考えると、実際に働くと就職以前にそう思っていたほどには自己実現は叶《かな》えられない、もしくはそれを大事だとは思わなくなるという現状が反映されているとみるのが妥当ではないでしょうか。

これが「大人」になるということか、これが現実か、と思われたかもしれませんが、これは程度差の問題で、学生・有職者ともに各質問の肯定回答率はおおむね高いので、今日の若者一般において「自分らしさ」や「なりたい自分」「自分にしかできないような仕事や活動」は大事にされているのだといえるでしょう。学生の方がより値が高いということは、上述した解釈に加え、学生生活の自由度の高さによって「自分なりの生き方」や「自分らしさ」を感得しやすいために、「なりたい自分」や「自分にしかできないような仕事や活動」といった将来の自分についても期待を抱きやすくなる側面もあるでしょうが、そのような期待を膨らませるべく学生が煽《あお》られている側面もあるように思われます（これについてはこの後の本書のなかで幾度か触れることになると思います）。また、表4の違いはあくまでも総体的な傾向であって、そのような価値観を皆が有しているわけではないと思われた方もいるかもしれません。この点、つまり総体的な傾向ではなく個々人が何をどう考えているのかということについては、第5章で改めて扱うつもりです。

経済状況が生み出す「私」の格差

第四の観点として、「経済状況」の違いから考えてみましょう。これは単に個々人がどれくらい裕福かという話ではなく、社会・経済的な地位や資源を同じ程度にもつ人々の集まりとしての「階層」という、社会学においてとても重要な観点から考えるということです。普段の生活では、このような階層の違いが目に見えて分かる機会はあまりないと思われるかもしれませんが、この違いは人々の意識・行動のさまざまな側面に影響を及ぼしています。

経済状況を尋ねるには世帯収入を教えてもらうのが最も直接的といえますが、今回用いる若者調査のデータでは一〇代の学生を含む調査対象者に世帯（つまり親の）収入を聞いて分析するところにやや難しさがあったので、ここでは「暮らし向き」についての設問を用いることにします。これは、「現在、あなたの家の暮らし向きは、いかがですか」という質問に対して、「余裕がある」「やや余裕がある」「ふつう」「やや苦しい」「苦しい」という五つの選択肢のいずれかを選んでもらうというものです。これはあくまでも主観的な回答ではあるのですが、世帯年収を尋ねることができた二〇二二年の全国中年調査では世帯年収と「暮らし向き」ははっきりした正の相関（相関係数は〇・五〇二）をとっていますから、経済状況を表す変数として使用しても問題ないと考えています。

では、「暮らし向き」と自己意識の関係についてみていきましょう。五つの選択肢のうち

	余裕あり	それ以外
今の自分が好き	80.7	64.0
今のままの自分でいいと思う	69.7	59.5
自分なりの生き方を自分自身で選べていると感じる	78.3	66.4
これからの人生で大事にしたいことがはっきりしている	74.0	61.7
自分には自分らしさというものがあると思う	80.2	71.3
他人とは違った、自分らしさを出すことが好きだ	56.7	47.8
自分がどんな人間かわからなくなることがある	40.6	50.9
「死にたい」と思うことがある	18.4	32.0

表5 「暮らし向き」と自己意識（%）

「余裕がある」「やや余裕がある」を選んだ人をまとめ、それ以外を選んだ人をまとめたグループと比較した結果が表5なのですが、かなりはっきりした傾向が出ているといえます。「暮らし向き」のよい若者の方が、「今の自分が好き」で「今のままの自分でいい」と思い、「自分なりの生き方を自分自身で選べている」「これからの人生で大事にしたいことがはっきりしている」と感じています。さらに「自分らしさ」があるとも思っていて、「他人とは違った自分らしさ」を求める押し出しの強さもあります。一方、「暮らし向き」がよいとはいえない若者は、「自分がどんな人間かわからなくなること」が多くあり、さらには「死にたい」と思うこと」がもう一方の二倍近くあるという結果になっています。

この章ではいくつかの観点から、自己意識という一見ごく主観的に思われることがらが個々人の置かれている社会的状況と関連していることを示してきましたが、この「経済状況」という観点が最も端的といえるかもしれません。今の自分自身をどう思っているか、これからの人生展望をどう抱くか、人生に希望をもてるかといった「私」をめぐるさまざまな感覚や経験は、当人（が暮らす家庭）の経済的な状況、ひいては社会的階層がどのようなものであるかということに明らかに左右されているといえます。もう少しいえば、経済格差は「私」のあり方の格差につながっているのです。

3　「私」のあり方と「社会」への向き合い方の関係

社会が求めてくる「私」

この章の最後に、もう少し応用的な分析をしてみたいと思います。ここまで、自己意識に関する質問項目を色々とりあげてきましたが、これらのうちいくつかは、私たちが暮らすこの社会において「そうあることが望ましい」として各種メディア上でメッセージが発信されたり、場合によっては学校や職場などでそうあることが促されたりすることがあります。

たとえば、「自分のことが好き」ということがらは、自己肯定感や自尊心・自尊感情、セルフエスティームといった言葉で表現され、上述したように「最近の若者は自己肯定感が下がっている」といった指摘をしばしば伴いながら、家庭や教育現場などを通して、あるいは自分自身でそれを高めていくことが望ましいとする物言いや、そのための実践的技法を広くみることができるように思います。また、「なりたい自分」や「やりたいこと」などについてもそれらが明確であることが望ましいとされて、キャリア教育の授業などで実際にそれらを考える機会が設けられたり、就職活動の場面においてそのアピールが求められたりしています。就職活動にあたってのガイダンスやマニュアル本、あるいは二〇〇〇年代以降の道徳の授業(の教材)などでは、自分自身のことを見つめ直してみよう、「自分らしさ」についてよく考えてみようと促されることもしばしばあります。さらに、本章の1節でみた経年変化では「自分らしさを強調するより、他人と同じことをしていると安心だ」という回答がこ一〇年間で大きく増加していましたが、本書の主たる読者と思われる若い方々にとっては、自分をまわりに合わせた方がいいのだろうという空気を日々ひしひしと感じているところがあるかもしれません。

このように、自己意識は社会からのさまざまな影響を受けて、そうあることが望ましい、有利になる、そうするほかない、というようにして特定の方向づけがなされる側面があると考えられるのですが（このことについては以降の章で、複数の観点からまた考えていきたいと思います）、そうした自己意識を有することには実際のところどのような効果があるのでしょうか。そこで以下では、今述べたような自己意識を有することがこの社会で生きていくにあたっての態度とどのように結びつくかを、いくつかの観点から考えてみたいと思います。

このことを考えるために、以下では重回帰分析という統計手法を用いていきます。ここまでは二つの項目＝変数同士の関連をみてきましたが、重回帰分析というのは三つ以上の変数の関係を統計的に解析する手法（多変量解析）の一つで、ある変数（従属変数）にそれ以外の複数の変数（独立変数）がそれぞれどのように影響しているのかを、独立変数相互の影響を統制しながら明らかにするものです（これについても、より詳しく知りたい方は専門の本を読んでみてください）。この手法を用いて、述べてきたような自己意識を有することが社会への態度にどのように影響しているかを考えてみることにしましょう。

自己意識と「社会への態度」の関係

では分析に入っていきます。分析で用いる変数についてですが、まず独立変数については先に例示した自己意識に関連する項目を用います。自己肯定感、「なりたい自分」へと努力

		肯定回答率
独立変数	今の自分が好き【自己肯定感】	69.7%
	なりたい自分になるために努力することが大切だ【啓発的態度】	88.4%
	自分自身についてじっくり考えることがある【内省的態度】	62.8%
	自分らしさを強調するより、他人と同じことをしていると安心だ【同調志向】	46.5%
従属変数	今の日本の大学で学んだことは社会に出てから役立たないと思う【学術への否定的態度】	35.6%
	未来の社会のために何か役立つことをしたい【社会貢献志向】	68.7%
	ふだんから政治に対して関心がある【政治関心】	29.0%
	権威のある人々にはつねに敬意を払わなければならない【権威主義】	41.4%

表6　分析で用いる独立変数・従属変数

	学術への否定的態度	社会貢献志向	政治関心	権威主義
自己肯定感			+	
啓発的態度	+	+		
内省的態度	−	+	+	+
同調志向				+
それ以外の変数	年齢＋ 母学歴−	年齢− 文化的環境＋	男性＋ 本人学歴＋ 暮らし向き− 文化的環境＋	
調整済み R^2	.040	.109	.174	.061

表7　重回帰分析の結果

する啓発的態度、自分自身についてじっくり考える内省的態度、そして他人に合わせようとする同調志向の四項目です。従属変数についても四つの項目を用いたいと思います。一つめは学びというものに対してどう考えているのか、二つめは社会のために役立つことをしたいという貢献志向について、三つめは政治への関心について、四つめは権威的なものへの態度についてです。表6は各変数とその肯定回答率を示したものです。では、このような学校から社会、政治までのそれぞれへの向き合い方に、自己意識のあり方はどのように関係するのでしょうか。

重回帰分析では、表6で示した独立変数・従属変数とは別に、年齢・性別・本人学歴・雇用形態・暮らし向き・親学歴・育った家庭の文化的環境（幼少時に博物館や美術館に連れて行ってもらった等）を統制変数として入れています。つまり、これらの変数の効果を自己意識項目の効果と分けて検出できるようにしています。このことを踏まえて、重回帰分析の結果（細かく載せると煩雑になるので簡易版）をみていくことにしましょう。

表7では、重回帰分析の結果、統計的に有意な効果がみられた変数（有意水準は五％）について、プラス（正）の効果があったものは＋、マイナス（負）の効果があったものは－を記載しています。表の上部では分析の主眼となる自己意識項目の効果を、下部ではそれ以外

の変数の効果を示しています。表の一番下にある「調整済みR^2」というのは、分析モデルの説明力の高さを示しています。

では表7に示した分析結果をみていきましょう。まず、「今の日本の大学で学んだことは社会に出てから役立たないと思う」という学術への否定的な態度については、啓発的態度が正の効果を、内省的態度が負の効果をもっています。つまり、なりたい自分になるために努力することが大切だと考えている人は、今の日本の大学で学んだことは社会に出てから役立たないと思う傾向があり、逆に自分自身についてじっくり考えるような人は学んだことは役立たないとは思わない（＝役立つと思う）という傾向があるということです。

解釈を試みると、なりたい自分への努力が大切だと思う人は、自己啓発書を読んでいたり、エステやクリニックに通っていたり、ダイエットをしていたり、これから留学や資格の勉強をしようと思っていたりと、自分を実用的な面で高める意識とそれを実際に行動に移す傾向がともにより強いのですが、おそらくそうであることと関連して、学術という「目に見えて役に立つ」とは限らないものについての態度が否定的になるのではないかと考えられます。逆に、自分自身についてじっくり考える傾向のある人は、「目に見えて役に立つ」とは限らないけれど、やはりじっくり考える学術的態度にそれぞれの意義を見出しているのだと考えられます。自己意識以外の変数については、年齢が高くなるほど学術に否定的になり、母学歴が高いほど肯定的になります。前者については、大学で教えている立場からすると複雑な気持ちになるところですが、学齢期から遠ざかっていくなかで、あるいは人生経験を重ねていくなかで学術的なことがらとの距離ができていくということなのでしょう。母学歴については、母親の学歴が高い方が、日々の家庭生活のなかで学術に対する敬意が育まれるというようなことではないかと思われます。

次に、「未来の社会のために何か役立つことをしたい」という社会貢献志向については、啓発的態度と内省的態度がそれぞれ正の効果をもっています。まず前者について解釈すると、なりたい自分への努力が大切だと思う人は、述べたような実用的な意識・行動傾向と合わせて、自分自身としても何か実際に役立つことをしたいという態度が強まるのだと考えられます。内省的態度については、自分自身についてじっくり考えることが、ひいては自分がこの社会で何ができるかを考えることにつながる側面があるために、正の相関をもっているということではないでしょうか。自己意識以外の変数については、年齢が上がると社会貢献志向が弱まり、育った家庭が文化的な環境である方が志向が強まるという結果になっています。年齢については、働き始めて日々の生活で手一杯になったり、人生経験を重ねるなかで何らかの社会貢献をしているという意識が得られたりすることで志向が弱まるとも考えられますが、表4に関して示した解釈と同様に「大人」になってそうした志向に背を向けるようになったためとも考えられます。文化的環境については、それが豊かな環境で育つことで社会への前向きな態度が育まれるのだと解釈できるでしょう。

「ふだんから政治に対して関心がある」という政治関心については、自己肯定感と内省的態度がそれぞれ正の効果をもっています。自己肯定感については、それが前向きのものとなるとき、世の中への関心に順接されるということなのだと思われます。また内省的態度については社会貢献志向とほぼ同様に、自分自身についてじっくり考えることが、自分が生きているこの社会に関心を抱かせ、それに伴って政治への関心を育むことになるためだと考えられます。自己意識以外の変数については、男性であること・本人学歴・文化的環境が正の効果をもち、暮らし向きのよさが負の効果をもっているという結果になりました。性別については、この社会においては政治などの「硬め」のテーマは男性が考えるものという意識が（実際、政治の要職についているのは未だに男性ばかりということも観察されながら）人々に分けもたれているということなのだろうと思われます。学歴については、学校段階を進めていけるような人が、あるいは学校段階が進んでより多様な教育機会を得ることで、「硬め」のテーマに取り組むことができる傾向が強まるというように、文化的環境は社会貢献志向と同様にそれが豊かな環境で育つことで、政治への関心が育まれるというように解釈できるかと思います。暮らし向きの負の相関については、そのまま受け取れば生活が豊かになることで政治への関心が失われるということなのですが、逆にみて自らの暮らしに不満があるような状況が政治への関心や要求をもたらす、と考えてもよいでしょう。

最後に、「権威のある人々にはつねに敬意を払わなければならない」という権威主義についてみると、内省的態度と同調志向がそれぞれ正の効果をもっています。内省的態度はここまでのところ、社会への態度に対して順接的といえる効果をもっているようにみえたのですが、これについてはじっくり考えることと相反しそうな態度に結びついているという結果になりました。このように解釈が一筋縄ではいかなくなるときこそ、むしろ分析は面白くなってくるものですが、ではなぜ内省することが権威を重んじるような態度につながるのでしょうか。解釈はさまざまにありえると思いますが、これについては第4章の3節で、本章とは別種の経験的研究にもとづいた一つの解釈を示したいと思います。また同調志向については、その志向が身の回りの対人関係などに留《とど》まらず、より広い社会への態度に結びついているということなのだと思われますが、その結びつきはもう少し広がりがあるようなので、それについては項を変えて改めて述べることにします。

「私」について考えること／「社会」について考えること

さて、一通りみてきましたので、自己意識項目のそれぞれの分析結果について考察してみましょう。まず、自己肯定感を育むことは、現代社会においてとても望ましいことだとよく語られているのですが、意外にも社会への態度との関連は四項目中一項目のみでした。自己肯定感の効果が意外に乏しいことは、アメリカの心理学者ロイ・バウマイスターらが行ったセルフエスティームについての研究レビューからも明らかにされています（Baumeister et al. 2003）。セルフエスティームは、それがポジティブな効果をさまざまにもたらすという通念とは異なり、多くのことがらとは無相関で、うぬぼれや自己愛がそこに混じってくると、他人への攻撃性や偏見を強める場合もあるということが指摘されています。もちろん、自己肯定感を高めることにまったく意味がないとは言いません。しかし、それは決して万能の効果をもつわけではなく、その効果の意味はケースバイケースで一つ一つ解釈していく必要があると思われるのです。にもかかわらず、なぜ自己肯定感を高めることがよいという通念が社会のそこかしこに広がり、ときに私たちがそれを促されるまでになっているのでしょうか。

このことをどう捉えられるのかについては、第3章以降で複数の観点から解釈を示していくつもりです。

次に、なりたい自分になるために努力することが大切だという啓発的態度は、学術への否定的態度と社会貢献志向の双方に正の相関をとっていました。各種の「目に見えて役に立つ」行動との相関を踏まえると、調査対象となった若い方々が「なりたい自分」という言葉で思い浮かべるのは、人格や考え方のような内面的なことがらよりは、行動（とその成果）や外見として実際に表れることがらに寄っているということなのだと思われます。

そして、今回の分析において四項目すべてで有意な効果を示していたのが、自分自身についてじっくり考えることがあるという内省的態度でした。内省的態度は、やはりじっくり考える学術への親和性をもたらし、社会のために役立つことをしたいという気持ちや政治関心につながるという点では社会への態度に順接しているようにみえるのですが、意外にもじっくり考えることと相反しそうな権威主義とも正の相関をもっていました。なんだかすっきりしない分析結果になりましたが、述べたようにこういうときに分析は面白くなってくるもので、ではなぜそうなっているのだろうということが今度は気になってくるわけです。先に述べたように、このことの解釈については後で示すつもりですが、なんにせよ、「私」と社会はなかなか複雑なかたちで絡み合っているようで、それを一つ一つ解きほぐしていく必要があるのだといえるでしょう。

最後に、自分らしさを強調するより他人と同じことをしていると安心だという同調志向は、身近な人間関係に留まらず、権威のある人々に従うというより広い文脈につながっていることが分析結果からまずいえます。同調志向はほかにも、「以前からなされていたやり方を守ることが、最上の結果を生む」という慣習主義や、この調査が行われた二〇二二年の（新型コロナウイルスの感染拡大の波が未だ幾度も押し寄せていた）状況を踏まえて聞かれた「必要のない外出をしている人は批判されても仕方がない」「休業要請が出ているのに営業している店舗は批判されても仕方がない」というわゆる「自粛警察」的な考え、および「人びとの外出を制限できるように法律を改正すべきだ」という国家によって人々の行動を統制しようとする考えとそれぞれ、他の変数の影響を統制したうえでも正の相関をとっています。今日の若者にとって、まわりの目を気にしなければならない度合いというのは以前よりも高まっており、まわりに合わせるほかないという場面も少なくないのかもしれません。しかし、そのような態度は目の前の状況を生き抜くことの手助けになるかもしれない一方で、今ある権威や従来的慣習を追認し、それを他の人にも守らせようとする態度にもつながっているものなのです（牧野二〇二四も参照）。本書ではこれ以上掘り下げませんが、同調志向のもつこのような両義性についてはよくよく考えてみてほしいところです。

さて、既に本書のここまでのところで、章を変えて改めて考え直す必要がありそうなことがいくつかあったように、「私」という存在の社会的成り立ちを考えていこうとすると、「私」と社会の複雑な絡み合いを解きほぐすべくさまざまな観点から検討を行っていく必要がどうしても出てきます。「はじめに」でも述べたように、そうした「私」と社会の関係を最も専門的に、またあれこれ考えてきたのが社会学だといえます。そういうわけで以降の章では、社会学者による自己論を中心に、社会学に影響を与えてきた各分野での議論も適宜参照しながら、「私」と社会の関係をより多面的に考えていきたいと思います。

第2章　他者と「私」

「私」と社会との関係についてさまざまな観点から考えていく、といっても、ものごとの説明にはある程度の順序が必要です。そこでこの章では、「私」が社会とどのようにかかわりのある存在なのかを考えていくにあたっての、基礎的な観点をまずみていくことにします。そうすることで、以降の章で扱うさまざまな議論をよりよく理解できるようになると筆者は考えています。

1　「役割」と自己――ジョージ・ハーバート・ミード

社会学的自己論のはじまり

「私」と社会との関係について考える起点として紹介したいのは、アメリカの社会学者ジョージ・ハーバート・ミードの議論です。この後すぐ述べるように、ミード以前にも「私」と社会との関係について考えようとした研究者はいました。ただ、ミードに至ってその関係性が総合的に論じられたといえるので彼を大きくとりあげたいと思います。

ミードの知見の意義を際立たせるために、ここでは二人の先駆者について簡単に紹介します。まず、アメリカの哲学者・心理学者であるウィリアム・ジェームズは『心理学』（一八九二＝一九九二）のなかで「私」、学術的にいうと「自己（self）」は「主我（I）」と「客我（me）」という二重の側面をもっていると述べました。Iというのは英文の主語になるIのイメージとおおよそ同様で、それぞれの瞬間で意識し、考える存在としての自己、認識の主体としての自己です。それに対してmeというのは意識の対象にのぼる、認識されるものとしての自己です。

このmeはさらに三つの要素からなるとされます。まず「物理的客我」。自分の衣服や持ち物、家族といった物理的に存在する何かが褒められたり、けなされたり、あるいは失われたりすると、それが自分自身でなくともまさに我がことのように何らかの感情がわき起こりますよね。だからこれらは自己認識の一部をなすというわけです。次に「社会的客我」。これが社会学的自己論において特に重要なところで、自分自身が他者から受ける認識のことです。どんな人でも大体、他の人からどう思われているかは気になるでしょうし、それが好ましいものであれば満ち足りた気持ちになり、好ましくないものであれば嫌な気持ちになるでしょう。そういうわけで、他者からどのように認識されるのかということも自己認識の重要な一側面になります。また、これに関してジェームズは、認識のされ方は当人の過ごす場所（集団）によって異なるとし、その異なるあり方の分だけ社会的客我があるとも述べています。最後の「精神的客我」は、能力や性格などとして捉えられる内面の傾向のことです。

こうしてジェームズによって社会的客我という観点が提出され、自己認識に他者からの評価が大きな影響を及ぼすことが論じられました。しかしジェームズが論じたのは、自己の構成要素の一部に社会的なものがあるというところまでで、自己とは「心の現象」である、心それ自体で自足した内的世界の現象であるという見方がとられていました。ここから一歩踏み出したのがアメリカの社会学者チャールズ・ホートン・クーリーです。彼は『人間の本性と社会秩序』（一九〇二）のなかで、「鏡に映った自己」という概念を示しています。鏡の比喩が意味しているのは、私たちは自らを直接認識することができず、他者という鏡を通してはじめて自らを認識することができる、ということです。人に自分がどうみえているのか、そして人がそれをどう評価するのか、自分はそれについてどんな感情を抱くのか、といった他者の存在がそれぞれ想像されることで、自己意識はそもそも生じてくるのだとクーリーは論じました。つまり、自己という存在がはじめから本質的にあるわけではなく、他者の存在を通して自己意識が形成されるということです。

クーリーは自己という存在が社会的に形づくられることをこのように指摘したわけですが、ただこれもポイントになっているのは「想像」、つまりそれ自体で自足した内的世界の現象の話だったといえます（船津 一九七六）。クーリーを批判的に受け継ぎ、自己と社会との関係を総合的に論じたのがミードでした。

自我の発達と役割取得

というわけで、ようやくミードの話をすることができます。ミードの主著とされることが多いのは『精神・自我・社会』（一九三四＝二〇二一）ですが、そのなかでミードは端的に、「自我は生まれつき存在するものではなく、社会的経験や社会生活のプロセスで生じ、発達する」と述べています。精神《マインド》や自我《セルフ》が社会に先行するのではなく、社会がまずあるというわけです。このことをもう少し詳しくみていきたいと思います。

私たちがそれぞれに生を受け、育っていくとき、身のまわりにはたくさんの人々がいるでしょう。彼らはつねにコミュニケーションをとっています。ここでいうコミュニケーションとは、言葉や身ぶりを通した意味のやりとりです。ある言葉や身ぶりがどのような意味をもつのかは、つねに完全に定まっているわけではないものの、それぞれの社会のなかである程度の普遍性をもっています。また、ある人が何らかの言葉や身ぶりを示すとき、それに応じて相手や自分自身に何らか特定の態度を呼び起こすことになります。言葉や身ぶりの意味に一定の普遍性があることを踏まえると、あるコミュニケーションによって呼び起こされる態度も一定の普遍性をもつことになります。このような、個々人に先立って社会で流通している意味や態度を自分自身にとりいれていくなかで自我が発達する、というのがミードの立論です。この際の、意味や態度をその都度考えながらとりいれていく作用がミードのいうところの精神だといえますが、それもまた社会におけるコミュニケーションなくしては姿を現さない、「本質的に社会的現象」なのだとミードは述べています。

ミードは自我が発達するプロセスについて、二つの段階を示しています。「ごっこ」遊びと「ゲーム」活動です。ごっこ遊びは、おそらくこの言葉から大体そのような連想がなされたと思いますが（意味の普遍性！）、子ども同士のおままごと遊びを想定してもらうのがやはり分かりやすいでしょう。ごっこ遊びは通常、父親や母親、プリンセスやヒーロー、先生や生徒などの「ふり」をして遊ぶものですが、それぞれの「ふり」にはこういう場合なら当然こうすべきだという態度が複数含まれています。こうした態度が束になったもの、つまり特定の誰か＝他者の「役割」を取得していくことで自我が発達していくとミードは主張します。

「心の現象」として自我がまずあるのではなく、コミュニケーションのプロセスを通して社会における役割を自分自身にとりいれていくなかで、その視点からさまざまなことを意識し、考え、ふるまうことのできる自我が確かなものになってくるというわけです。

ただ、ごっこ遊びにおける態度や役割はごく単純なもので、一つの場面に登場する役割もそう多くはありません。次の段階であるゲーム活動になると、態度や役割は複雑で重層的なものになってきます。ミードは野球がどうも好きなようで野球の例をしばしば持ち出すのですが、野球では九つのポジションがあり、さらにバッターとランナーがいるというように役割がごっこ遊びよりもぐっと増えます。また、アウトカウントや塁の埋まり方、得点差、打球の性質などによってそれぞれが行うべきことは都度変わってきます。ベースカバーや内外野の連携だったり、あるランナーが挟まれている間に別のランナーが進塁を試みたりといったように、それぞれの役割は相互に絡み合っており、自分以外の役割についてもちゃんと認識しておく必要があります。そして、大体の場合そうした役割は野球の「セオリー」として定まっているもので、チーム内で何度も練習・確認が行われます。実際、筆者が子どもの少年野球チームの手伝いをしていたときもこうした練習・確認はずっと行われていましたし、これらがちゃんとできないとそれこそゲームになりません。

つまり、ゲーム活動では役割は複雑になりつつもそれぞれにおおむね定まった型があり（組織的であり）、自分以外の役割をしっかり認識している（取得している）必要があるということです。これはもちろんゲームなので、日々生きていく現実ほどには複雑とはいえないもののの、このように集団の内部で組織されている役割を取得していくことで、自我はより発達することができます。ミードは、実際に日々の生活を営む社会集団や共同体における、こうした組織的役割の総体を「一般化された他者」と呼んでいます。それを取得するところまで来れば、自我は十全なものとなります。ミードはこのようにして、社会を前提にした自我の成り立ちを総合的に示したのでした。

さて、このようにして役割は自らのうちに取得されるわけですが、ミードはもう一つ重要なことを述べています。ミードはジェームズと同様に、自我についてIとmeという二つの側面をみていました。ただ、その意味はジェームズとまったく同じというわけではなく、自らが取得した役割を自分自身で対象化したものがmeにあたります。

もう少しかみ砕くと、私たちは家庭、友人間、職場などでそれぞれ異なる役割を受け入れ担っていますが、そのようなさまざまにある「〇〇としての私」がmeです。Iはこうした役割に対する、それぞれの状況における反応・応答を指しています。それは期待された役割通りの反応かもしれないし、周囲の期待を裏切ってがっかりされるようなものかもしれないし、期待通りじゃないけれど意外な好反応を受けるものかもしれません。Iはそうした意味で不確定な要素を含むのですが、ミード自身や、彼の知見を受け継いだシンボリック相互作用論（相互行為論）の研究者たちは、そこに共同体や社会を、あるいは自分自身を変えていく創発的な可能性を見出《みいだ》していました（船津 一九八三など）。しかしこのような創発性とて純粋な「心の現象」としてあるわけではなく、社会から自身にとりこまれた役割に対する各状況での応答として、つまり社会との関係のなかで生まれてくるものといえます。

2 「相互行為」と自己――アーヴィング・ゴフマン

相互行為とフェイス・ワーク

とはいえ、他者の役割をとりいれて自己が形成されていく側面はあるとしても、それですべてでしょうか。日々のなかで私たちが自分自身について意識したり、あれこれ考えたりするのはもっと具体的な個々の場面、つまり誰かとコミュニケーションをとっているまさにその動的《ダイナミック》な場面ではないでしょうか。

このことを徹底的に考えたのがやはりアメリカの社会学者、アーヴィング・ゴフマンでした。彼は人々がある場に相対してお互いに働きかけ合い、また影響を与え合っている状況としての対面的相互行為《インタラクション》の秩序を研究テーマとして、いくつもの著作を残しています。彼はかなり色々なことを述べているのですが、ここではまず『儀礼としての相互行為――対面行動の社会学』（一九六七＝二〇〇二）での記述を手がかりに、相互行為における自己《セルフ》のあり方についてて彼が論じるところをみていきましょう。

ゴフマンによれば、人と人が出会うとき、人はそれぞれ言葉や身ぶり（これには意識的なものとそうでないものがあります）を通して、その状況に対して自分自身がどう向き合っているのか、自らがそこでどのような人間としてそこにいようとしているのかを否応《いやおう》なく示すことになると述べ、そのように示された傾向を「方針《ライン》」と呼んでいます。そして、この方針を通して要求されている、どのように自分自身をみせたいのか、みてもらいたいのかという自己イメージをゴフマンは「面目《フェイス》」と表現します。みてもらいたい、扱ってもらいたいとおりにその場の人々に対応してもらえれば居心地よく、自信をもってその場を過ごすことができ、まさに面目を保つことができます。しかしその期待が受け入れられず、冷たくあしらわれたり、意に沿わない言葉をかけられたりすると逆に面目がつぶれることになり、当惑したり居場所のなさを感じたりしながら気まずくその場を過ごすことになります。場合によってはその場を離れざるをえなくなるでしょう。

基本的には誰しも、面目がつぶれるような事態は避けたいはずです。というより、つぶれることに無頓着な人は「恥知らず」としてさらに避けられることになります。また、面目がつぶれたことに怒って感情を爆発させるような人も「自制心」のない人だなと思われ避けられてしまうでしょう。そのため相互行為の場において、人々は自分の面目を保つべくその場にふさわしい行動を注意深く、落ち着いてとり続ける必要があり、そうした行動をゴフマンは「フェイス・ワーク」と呼んでいます。ただし、自分の面目を保つためには自分のことだけを考えていればいいということにはなりません。相手の不面目に無関心な人は「薄情」だとして疎まれることになり、結果として自分自身の面目を保つことにも失敗してしまうでしょう。そういうわけで、自分の面目を守るためには、相互行為状況のなかで相手の面目も保たれるようにふるまう必要があるということになります。フェイス・ワークにはこうした両面性があるため、気を遣い合って面目の侵害を相互に防いだり、侵害された面目を修正し合ったりしながら人々はその場の均衡を一般的には保とうとするのだとゴフマンは述べます。

相互行為の場に参加する人々にとって、そうした相互保持は一種の道徳的な義務や責任であるとさえいえます。

近代以降の社会（これについては次章で詳しく説明します）に生きる人々、なかでもアメリカの中流階層《ミドルクラス》の人々においては、このような個々人の面目が何よりも「聖なるもの」として大事にされているとゴフマンは主張しました。ゴフマンの著作が出されたときと今の日本はとき・ところを違えているわけですが、このような相互行為の基底的な部分は大きく変わっていないといえるのではないでしょうか。むしろ、前章でみた同調志向の強まりを考えると、相互の面目をつぶさずに過ごそうとする向きはより強まっているのかもしれません。

イメージとしての自己／プレイヤーとしての自己

さて、ゴフマンはこのようにして相互行為に向かう自己のあり方を、二つの観点から捉えました。一つは既に述べた面目、つまり「イメージとしての自己」です。もう一つは、そのようなイメージを保持するために、偶発的なことがしばしば起こる相互行為の場を生き抜くべく自己呈示を工夫し、他者の印象操作を行っていく「プレイヤーとしての自己」です。こうした二つの観点はミードの議論に通じるものといえますが、ゴフマンはこれらによりダイナミックな関係性をみています。

こうした区分から考えて、ある人が誰かの面目を侵害してしまったとき、どういうふるまいを想像できるでしょうか。侵害してしまった人は、自分の不注意で、自分の配慮が足らなくて、そういうつもりじゃなかったんだけど、といったかたちで、つまりプレイヤーとしての自己のパフォーマンスの問題として謝罪・弁明をすることで、イメージとしての自己の方に傷がつかないようなふるまいをとるのではないでしょうか。先ほど、面目を聖なるものとするゴフマンの言及を紹介しましたが、そのような聖なる自己イメージを守るべく、それとは切り離されたプレイヤーとしての自己が、それぞれの状況のなかで戦略的に、ことによると演劇的にふるまって印象管理をしているという関係性を彼は見立てているのです。

それぞれの移りゆく状況のなかで、当座の自己イメージをフェイス・ワークによって確保していくというゴフマンの自己論はそれだけでもとてもユニークなものですが、役割という観点についても彼は面白い見方をミードに追記しています。『出会い――相互行為の社会学』(一九六一＝一九八五)のなかに収録されている「役割距離」という論考では、タイトルにあるとおり、人々が期待される役割から距離をとろうとするふるまいについて考察していきます。ここでゴフマンが挙げている例の一つがメリーゴーランドなのですが、本書を読んでいる皆さんがメリーゴーランドに乗ることになったとしたら、どのように乗るでしょうか。そういう場合木馬や馬車の座席に座って、ただ純粋に楽しむということをするでしょうか。

もあるかもしれませんが、小さい子ども向けの乗り物に乗っているという気恥ずかしさから、ヤンチャして乗っているふりをしたり、おどけてみせたり、いい年してメリーゴーランドに乗ってるよと写真を撮ったりしながら、そこに純粋に没入していないことを何らか示しながら乗ることになるのではないでしょうか。このように、通念として期待されている役割に没入するのではなく、そこから自己イメージを引きはがそうとして生み出される間隔をゴフマンは役割距離と名づけました。

役割距離はより日常的な場面においても生じます。学校の先生や親などがあれこれ言ってきたときに、基本的には従いつつも、不満やふざけた感じを含んだ受け答えをするようなときにも役割距離は発現しています。校則に従って身なりをきちんとしつつも、カバンにつけたキーホルダーなどで自分の好きなものや「推し」を示すこともその今日的な現れといえるかもしれません。逆に学校の先生などが先生らしい真面目なことを言いつつも、それを相対化するような本音風のひとことを挟んだりするとき、そこには教師としての役割からの距離が表明されているともいえます。生徒の側からすれば、授業の内容よりもそのようなちょっとしたひとことの方が、そこに先生の人となりを感じてよく覚えていることも多いのではないでしょうか。

こうした例をみてくるとき、役割にただ従うよりも、役割距離が示されたときにこそ、その人らしさ、つまりその人の自己がみえてくるように思いませんか。ゴフマンは『アサイラム――施設被収容者の日常世界』（一九六一＝一九八四）のなかで次のように述べています。「帰属するものを何ももたずには、われわれは確固たる自己を持てない。しかるに何らかの社会的単位への全面的な傾心と愛着は一種の自己喪失でもある」。何らかの役割を取得することは確かに、その立場から意識し、考え、ふるまうことのできる自己の形成につながります。しかし、そうした役割――生徒として、子どもとして、親として、教師として、等々――に自らを一体化させすぎてしまうと、逆に自己というものが失われてしまうのではないか、そうゴフマンは述べているのです。また彼は同書で、「何か対抗するものがあるからこそ、自己は出現してくる」とも述べています。これらの言及を踏まえると、プレイヤーとしての自己はイメージとしての自己を保持するべく、ときに典型的役割に接近したり、それに対抗して遠ざかったりして役割距離を操作することで、いわば自分らしさをその都度示しているのだともいえます。

自己はささやかな調整によって成り立っている

ここまで読んできて、何だか当たり前すぎてピンとこなかったかもしれません。しかしこの当たり前のようにみえる日常的ふるまいがもしできなくなったとしたらどうなるでしょうか。いま紹介した『アサイラム』は精神科病院でのフィールドワークをもとにした本ですが、精神科病院に限らず、ゴフマンが全制的施設（total institution）と呼ぶ場所において自己がどういう状況に置かれているかが考察されています。全制的施設というのは、同じような境遇にある人たちを一つのところに集めて外部の社会と隔離し、監督者の指導にもとづいてみな同じように処遇する場所といえます。具体的な例を挙げると刑務所や少年院などの矯正施設が端的で、ゴフマンが調査した精神科病院のほか、兵営や修道院といったものもそれらにあてはまるとされています。また、学校も全制的施設のようなものだと論じる人もいます。

このような施設に人々がやってくるとき、何が起こるでしょうか。まず身体検査がなされ、所持品が没収され、所定の衣服に着替えさせられ、場合によっては頭髪が切られたりします。もちろん化粧品などをもつことはできませんし、鏡を見て自分の身なりを確認するような場所や機会もさしてありません。ゴフマンは、衣料品や化粧品など、自分の外見を操作するためのモノを「アイデンティティ・キット」と呼んでいますが、これらが丸ごと剥奪されるわけです。自分の外見を思い通りに自己呈示できないという状態を考えるとき、自分がかなり窮屈なものになると思いませんか。

　外見だけでなく、自らのふるまいを通してイメージとしての自己を守ることも、全制的施設ではかなり制限されます。そうした場所では、自分のプライバシーにかかわる情報が監督者に一方的に閲覧・露出されたり、監督者の指示に強制的に従わざるをえなかったりすることが多く起こります。しかしそのようなとき、不満を表したり、ふざけた受け答えをすることは許されません。そのようなことをした場合、施設外の生活では通常起こりえないほどに厳しく糾弾され、ふるまいが矯正されることになります。また、施設外の誰かと連絡をとることや、金銭を使って何かを購入することを希望するとき、監督者にへりくだって求めねばならないこともあります。このように全制的施設では、社会一般では当たり前のように可能とされている、役割から距離をとり、聖なるものとしての自己イメージをプレイヤーとして操作する余地がほとんど剝奪されており、さらには自分が好ましいと思わないようなふるまいをせざるを得ない場面が多く発生するのです。

　さらにこうした場所では、生活時間はもちろんのこと、起床の仕方、服を着替えるタイミング、沈黙や姿勢の強制など、生活全体がすみずみまで管理・評価されており、自分の好きなときに好きなことを好きなようにする、自己決定の余地が細かいところで剝奪されています。作業時間中に、この方がやりやすいからといって何か工夫をしても所定の作業をするように咎《とが》められるでしょう。誰もいないところにひきこもって自分だけの空間で一息つくなんてことはできませんし、むしろ逆に一緒に過ごしたくないような人たちと、ごく近い距離でずっと過ごさねばなりません。また浴室や便所など、そういうところの設備はえてしてきれいとはいえず、使い古しの衣服や共用のタオルなども含め、心理的に、また物理的に自分自身がそれ以外のものに汚染されずにいるという感覚を守ることができないとゴフマンは指摘します。

このように私たちの日常生活のごくささいな場面やことがらを裏返してみると、それらが当たり前のように営まれていることが、自己意識にとって実はとても重要なものなのだということがよく分かります。つまり「私」という存在は、聖なるイメージとしての自己を保持しようとする、一定裁量をもつプレイヤーとしての自己の、それぞれの相互行為におけるささやかな調整を通して、またそれを許容する社会的状況に下支えされて可能になっており、そうした下支えが損なわれてしまえば成り立たなくなってしまうものなのです。そのためゴフマンは、まさに非人間的な処遇を行い、人々の自己を支える裁量を剝奪してしまう全制的施設に対して批判的な見解を示していました。

3　発達課題としての「アイデンティティ」——エリク・H・エリクソン

青年期におけるアイデンティティの獲得

ゴフマンは『スティグマの社会学——烙印《らくいん》を押されたアイデンティティ』（一九六三＝一九七〇）のなかで、これまでの話と一部重なりつつも異なる、自己についての三つの見方を示しています。一つめは、当人をどのようなカテゴリーや属性によって捉えるかという「社会的アイデンティティ」。二つめは、身分証明書や、これまでの人生で起こった出来事の組み合わせなどから、他でもなくその人がその人自身であると捉えられるような「個人的《パーソナル》アイデンティティ」。三つめは、それまでの経験を踏まえて、自分自身について考え、感じていることとしての「自我《エゴ》アイデンティティ」です。このうち自我アイデンティティに関して、ゴフマンは徹頭徹尾それを他者との関係性から考えようとしており、そのような考察はみてきたとおり多くのことに気づかせてくれるものでした。ただ、それ以降の社会学的自己論の展開をみていく際、どうしても自我アイデンティティそのもののあり方、つまり自分自身について考え、感じる営みそれ自体にも目を向けておく必要があります。そこで次に、アメリカの心理学者・精神分析家であるエリク・ホーンブルガー・エリクソンの議論をみていくことにしましょう。

　エリクソンは人間の一生を、心身の成長・発達という観点から八つの段階に分けて捉える「ライフサイクル」論でよく知られています。この各段階について、エリクソンはそれぞれの発達課題を示しているのですが、五つめの段階である青年期の課題が「自我《エゴ》アイデンティティの感覚」の獲得とされています。彼が述べるところの自我アイデンティティとは、自分自身をめぐる二方面の自覚の調和といえます。つまり、これまでこのような自分として生きてきて、これからこうして生きていきたいという同一性・連続性の自覚と、そうした自分のあり方を、自分にとって重要な他者やこれから過ごしていくことになる集団、ひいては社会が認め受け入れてくれているという自覚の調和によって、自我アイデンティティ（自我同一性）の感覚が得られるというのです。

　自我アイデンティティが青年期の発達課題として立ち上がってくるのは、それ以前の発達段階を通して得られた同一性・連続性の感覚が、この時期になって問い直されることになるからです。つまり身体的には成長期を迎えて第二次性徴が進行するなかで、また学校段階が進んで自分の将来を考えるようになり、実際に進路や就職先を決めていくことになるなかで、子どものときとは違うかたちで、より自覚的に自分自身はどのような人間であるのか、これからどう生きていきたいのかについての確信を得ていく必要があるというわけです。

　エリクソンは、自我アイデンティティの感覚を得るにあたっては、自らが重要なものだと感じ、ポジティブに受け入れることができる自己イメージを吟味・選択・統合していくことになると述べています。つまり、何も考えたり悩んだりすることなく感覚が得られるのではなく、試行錯誤しながらプロセスは進んでいくと考えられているのですが、青年期は制度的にもそれが保障されているといえます。端的にいえば学校がそうです。準備や訓練もなしにいきなり社会に出るのではなく、学校という相対的に保護された場のなかで色々な試行錯誤を行いながら、自分自身の認識を深め、同時にその社会における落としどころを探っていくことが若い人々には保障されているのです。このような、人生にかかわる重要な意思決定を一定期間留保し、自我アイデンティティの感覚を養うことに寄与する時間や空間のことを、エリクソンは「心理・社会的モラトリアム」と表現しました。モラトリアムというのは、猶予期間という意味です。

　ところで、自我アイデンティティの感覚を得るという発達課題に失敗してしまった場合どうなるのでしょうか。エリクソンはそのような状態を「アイデンティティ拡散（ないしは混乱）」として指摘しています。自分自身はどのような人間であるのか、これからどう生きていきたいのかということがよく考えられていなかったり、自己イメージをうまく統合できていなかったり、あるいは自分がこうありたいと望んでいるあり方が他者や社会に期待通りに受け入れてもらえないといった状態がその例です。この拡散状態をやり過ごそうとして、若者は葛藤から目を背けて別のことに没頭したり、自らを誰かと過剰に同一化しようとしたり、誰かを攻撃・排除しようとしたり、逆に誰とも触れ合わないようになったりすることがあるとエリクソンは述べています。「精神病や犯罪」という徴候を示すこともある、とさえ言われます。しかし、エリクソンは青年期においてこのような拡散状態を経ることは標準的といえるもので、その経験も含めて葛藤し、試行錯誤を行うことがアイデンティティの獲得に貢献する可能性が大きくあると述べています。

ミードとゴフマンに比べると、エリクソンの自我アイデンティティ論では、自分自身についての自覚や吟味・選択・統合といった心理的プロセスが立論のなかに多く含まれています。しかし、ただ「心の現象」のみで自我アイデンティティの感覚が得られるわけではなく、感覚の獲得においてはこうありたいという自分のあり方が他者や社会に受け入れられることが重要だとエリクソンは述べていました。また、自らの自覚と他者・社会の受容を調和させるにあたっては、その時代における生き方の「プロトタイプ」が参照されることもあるとも言及されています。このような意味で、自我アイデンティティ論においても自己と社会の関係性が鍵になっているといえるでしょう。

アイデンティティ論からの若者分析

エリクソンをとりあげたのは、彼自身の議論にもとづいて自己と社会の関係性を考える観点を増やすことが主要な意図としてまずあるのですが、それに加え、これ以後の社会学的自己論の展開をみていくにあたって、自我アイデンティティ論がその共通する分岐点になりうるからでもあります。以下では大きく分けて三つの展開を論じようと思いますが、本章でまず紹介したいのはエリクソンの議論を受けてなされた、一九七〇年代頃の日本における「青年論」です（残りの二つはそれぞれ、次章で言及します）。

エリクソンが『アイデンティティとライフサイクル』（一九五九＝二〇一一）や『アイデンティティ――青年と危機』（一九六八＝二〇一七）などで自我アイデンティティを論じた時期は、世界的にみて若者たちが社会に対する異議申し立てを盛んに行った時期でした。ときに暴力を伴う激しいプロテストがなぜ行われるのか、という当時の「青年問題」に対する有力な説明を提供したのがエリクソンの議論でした。つまり彼の議論から、若者たちの激しさはこの社会における彼らなりのアイデンティティの模索・葛藤（という青年期の標準的な徴候）なのだ、と解釈されたわけです（岩佐 一九九三）。

しかし、異議申し立てが盛んになされた「政治の時代」はやがて終わりを迎えます。特に日本の場合、一九六〇年代末をピークとして大学紛争が退潮したことや、七一年から翌年にかけて起こった連合赤軍事件の悲劇などを大きな契機として、当時の若者たちは政治的なことがらに背を向けるようになっていきました。すると今度は、政治的無関心の広がりが「しらけ」の世代だとして問題視されるようになります。

こうした状況を経て、精神科医・小《お》此木《このぎ》啓吾《けいご》の著作『モラトリアム人間の時代』（一九七八）が刊行され、ベストセラーと言っていい売れ行きをみせます。同書の見解は次のようなものです。エリクソンの議論にもとづけば、青年期を通して自我アイデンティティの感覚が何らか選び取られ、社会的な義務や責任を引き受ける心持ちになって大人の世界へ進んでいくのが普通であって、そうでない人はかつてならば実際に一段低くみられたものだった。しかし今日では、自由なモラトリアムの気分を尊重する若者文化がさまざまなかたちで出現し、それらが経済を突き動かす主たる駆動因の一つだとも考えられるようになって、モラトリアム自体の位置づけが高まっている。また若者自身、社会に受容されることとは必ずしも関係なく、新しい文化を消費することで満足感を大いに得ることができるようになると、葛藤を経て自我アイデンティティの感覚を選び取ることを以前より重要だと思わなくなり、社会のどこかにしっかり根を下ろすことを避けるようにもなる。つまり、やり直しがきかない大人の世界に入りきらず、モラトリアム状態に留《とど》まって自らを変える余地を残そうとするようになる。こうして、「どの党派にも、どの組織にも帰属感をもたない、無党派、脱管理社会、若者文化志向の万年青年的な心性の持ち主」としての「モラトリアム人間」というあり方が、若者を中心としてより上の世代にも今日広がっているのではないか——。

エリクソンにおいて自我アイデンティティという発達課題は、青年期において拡散・混乱を一時的に伴うものの、基本的には達成されるもの、またそうあるべきものと考えられています。そうでなければアイデンティティには「欠陥」が残ってしまう、と述べられてもいました。これに対して小此木が論じたのは、一九七〇年代におけるアイデンティティ拡散の平常化ともいえる状況でしたが、このような状況に対して彼は警鐘を鳴らして議論を締めくくっていました。

一方、こうした状況に希望を見出そうとする議論もありました。社会学者の栗原彬《くりはらあきら》は『やさしさのゆくえ＝現代青年論』（一九八一）のなかで次のように論じています。若者文化の広がりや高学歴化によってモラトリアムが延長されたとしても、若者の先にみえるのは相変わらず生産性や能率を重視し、人間を機械の歯車のように扱う社会体制であり、そこに適応してしまえばその先が見通せてしまうような人生行路である。しなやかな感受性とやさしさを備えた新しい世代の若者たちがこのような状況に対して、「アイデンティティを未決の状態に置こうとする無意識のあるいは意識的な試み」としてアイデンティティを拡散させたままにするとき、それはむしろ健全な適応の形式だと考えることもできる。そして、彼らが「なにものかであることに対してたえず自己剝離を行ない、なにものでもないことを通してなにものかになろうとする」という意識を保ち続けながら、その感受性とやさしさを失わずに社会のなかで生きていくならば、そのような体制が変わっていく可能性もありうるのだ、と。

結果として、栗原の望みは叶《かな》わなかったとみてよいように思われます。彼自身、若い世代の感受性とやさしさは社会を変えるような方向に向かわず、自他を傷つけないことのみを志向した事なかれ主義へと変容していったと後に評価しているためです（栗原 一九八九）。こうした指摘の後、若者のアイデンティティのあり方と社会への態度の結びつきに関する議論はほぼ途絶えた、ないしは若者の政治的無関心を指摘するものばかりが残ることになりました。しかし、前章の3節でみたように両者の結びつき自体がなくなったわけではないのです。栗原が示した論点は今日においても、前章で行ったような質問紙調査データの分析に加え、若者における「世界と自己の関係の問い直し」のあり方が各時代のなかでどのように変遷してきたのか（北田二〇〇五）、今日において政治的な関心をもち活動するような若者はどのようなことを考えたり感じたりしているのか（富永二〇一七）、といった分析につながりうるものであり、引き続き考えられるべきことがらだと思います。

さて、本章ではミード、ゴフマン、エリクソンの議論から、「私」と社会との関係を捉えるための基礎的な観点をみてきました。それぞれの議論は、今後彼らの名前ないしはその議論のエッセンスが幾度も出てくることから分かるように、その後の社会学的自己論における重要なステップになっているといえます。この章を読んでもらったことで、次章以降の議論をよりよく理解するためのレンズのようなものを皆さんは手に入れたといってよいと思います。

というわけで次章に進んでいきたいのですが、その進む先を決めるにあたってもう一度エリクソンに戻ってみましょう。エリクソンは、自我アイデンティティが拡散・混乱状態に留まることを否定的に捉えていましたが、栗原の議論はエリクソンの価値判断をそのまま引きとるのではなく、その概念や観点を活用した同時代的な若者のアイデンティティの考察として展開されていました。ただ、栗原の議論は随分前のものでしたよね。では現代は、どのような概念・観点から、自己のあり方をどのように捉えることができるのでしょうか。次章ではそのような「現代的自己論」の主だったものをみていくことにしたいと思います。

第3章　現代社会における「私」

第1章では、質問紙調査のデータをみながら、今日の（若者における）自己のあり方について考えました。そこでは分析結果に即していくつかの解釈を行いましたが、より包括的に、今日における自己のあり方は社会学の立場からどのように捉えることができるのでしょうか。本章では、社会学的自己論の最もポピュラーな展開といえる「現代的自己論」についてみていきたいと思います。

1　「心」への傾斜

制度から衝動へ

前章でみたエリクソンの議論では、自分自身がこうありたいという姿を他者や社会が受け入れてくれることの自覚、つまり自己と社会の調和がポイントになっていました。また、自我アイデンティティの感覚は一度獲得したらそのまま永続するというわけでは必ずしもないものの、さまざまな試行錯誤を経て青年期の終わりごろには基本的には統合・安定に向かう

（はずである、そうあることが望ましい）とされていました。しかしエリクソン以後、今日に至るまでの社会学的自己論の多くは、社会的状況の変化を考慮するなかでこうした見方を問い直すような議論を展開しています。

たとえば片桐雅隆《かたぎりまさたか》（一九九一）は、やはり前章でみたミードを源流とするシンボリック相互作用論の研究動向を読み解きながら、現代社会における「私化（privatization）」傾向について指摘していました。ここでいう私化とは、人々の生活のなかで社会とかかわりあう公的な側面を重要だと思う程度が弱まり、対人関係や自分自身などのプライベートな側面に専ら人々の関心が寄っていく傾向を指します。自己意識をめぐる私化に関して片桐は、アメリカの社会学者ラルフ・ハーバート・ターナーの「リアルセルフ」論を紹介しています。

ターナーは、他者からみられている自分のイメージに対して、それまでの経験が蓄積・反《はん》芻《すう》された、自分自身でこれが「本当の自分《リアルセルフ》」だと思える自己像を人々はもっており、そうした望ましい自己像の実現を狙いつつ相互行為状況に向かっていると立論します。そして、この「本当の自分」だと思える基準が、現代では「制度」的なものから「衝動」的なものに変化していることをターナーは指摘しました。つまり、社会的によしとされる倫理・道徳よりも自分自身の欲求を、決まりにしたがって自らを抑制するよりも解放することを、社会的な目標を達成することよりも自らのうちに何かを発見することを、将来に向かって努力するよりも今現在の楽しみをそれぞれ重視するような方向に、「本当の自分」のよりどころが移行しているというのです。エリクソンの議論に再度関連づけると、自己と社会の調和よりも自己の側を、特に自らの「心」をより重視するような自己形成（もしかするとアイデンティティ拡散と評価されるかもしれないような）のあり方が優勢に、もしくは人々にとってのスタンダードになってきたのではないかということになります。

感情労働と「本当の自分」

このような傾向にはいくつかの社会的背景を想定できそうですが、本書の読者を含め、多くの人にかかわることがらである「労働」という観点から考えてみましょう。これまで皆さんが受けてきた授業や目にしたニュースなどで、第一次産業・第二次産業・第三次産業といった言葉を聞いたことがきっとあると思います。第一次産業には農林水産業などが、第二次産業には鉱工業・建設業などが、第三次産業には商業・サービス業などが含まれ、かつては第一次・第二次産業が優勢だったけれども社会の発展・成熟に伴って第三次作業が優勢になっていく、という教科書的な話（本書も教科書的なものですが）の最後の部分にターナーの議論は関係します。つまり「心」をより重視する傾向に、サービス業の拡大が部分的に関係しているということです。ここではアメリカの社会学者、アーリー・ラッセル・ホックシールドの『管理される心――感情が商品になるとき』(一九八三＝二〇〇〇)にもとづいてこのことを考えてみます。

ホックシールドは、「感情労働」という概念を提案したことでよく知られています。彼女が述べるところの感情労働とは、「相手のなかに適切な精神状態」をつくり出すために、観察可能な表情・身体的表現を生み出すべく自分の感情の誘発や抑圧を行うこと、端的にいえば感情を管理《マネジメント》することです。

この管理には「表層演技」と「深層演技」があるという区分もよく知られています。表層演技とは、つくり笑いなどの表情や、驚いたふりなどの身ぶりによって取り繕われる感情で、自分自身にとっても「うわべだけのもの」という自覚が伴われるものです。一方、深層演技は「自分で呼び起こした感情」を用いたり、深いところで装うことによって自分で自分を変えたりすることと説明されており、自分を奮い立たせる、怒りを押し静める、葬儀の際に悲しみを呼び起こそうとする、接客時に心からの笑顔を見せるようにするといった例が挙げられています。こうした演技はともに、それぞれの社会における、このような場合はこう感じる（感じていることを示す）のが望ましいという「感情規則」を自覚的に、あるいは無自覚に参照しながら行われるものとされています。もちろん、感情規則に人々が盲目的に従うわけではなく、前章のゴフマンのところで述べたように、その規則と距離をとろうとしながら感情が管理されることもあります（ホックシールドはゴフマンの議論をかなり参照しています）。

ホックシールドはこの本の後半で、客室乗務員《フライト・アテンダント》や集金人などを事例にしながら、感情労働が商業的に利用される場合に何が起こるかを詳細に検討しています。客室乗務員は各企業のイメージに沿った温かさや安心感、そしてしばしば女性のジェンダー・イメージに沿った親密さの提供が期待され、一方で集金人（男性が多い）は債務者に対して怒り、脅し、威嚇して追い立てることが要請される、というようにこれらは両極端な事例といえます。ホックシールドはそれを自覚しつつも、現代を生きる私たちもその多くが、自分自身や他者の感情に何らか働きかけ、操作する必要のある仕事につくことになるため（仕事につくということは、感情労働を含めてそのふるまいが組織的に管理されるということでもあります）、「その意味では、私たちは誰でも部分的に客室乗務員なのである」と述べています。

客室乗務員の感情労働についてもう少し考えてみましょう。客室乗務員として働き始めるにあたっては、みっちりと研修が組まれ、そのなかでは嫌な乗客に対する怒りにどう対処するのかといったことを学ぶことになります。これに関する深層演技の技法として例示されるのは、相手には何か嫌なことがあったのだろうと思うようにしたり、相手を子どものようなものとみなすといったものです。このように自らの感情を日々動員し、また自分たちのことをぞんざいに扱う客に対して表面的に感情を取り繕うようなことを日々行っていると、「私たちが重んじている自己の源泉をしばしば使い込む」ことになるとホックシールドは述べ、その結果として次のようなことが起こりかねないとされます。素に近い状態で感情労働をしているならば、トラブルがあった場合に自分自身へとダメージが直撃して心理的に燃え尽きてしまう。それを避けるべく「これは演じているのだ」と自覚しながら仕事をする場合はその演技によって他者を、そして自分自身を欺いていることがストレスになってしまう。このように悩むことをやめ、演技を放棄してしまえば多くの場合職務は成り立たなくなってしまう。こうして感情労働は、いくつかのかたちをとって「自己に関する意識への挑戦」を生じさせるとホックシールドは指摘しています。

合わせてホックシールドは、組織的に感情労働が要請され、道具のように利用されるとき、感情の「シグナル機能」が損なわれるのではないかとも述べています。シグナル機能というのは、精神分析の祖であるジークムント・フロイトに由来するもので、恐怖を感じればその場から逃げ去り、怒りを感じればそれに立ち向かい、やる気が出なければ一休みするというように、目の前で起きた出来事に対する自分の反応、ひいては自分自身の現状を知るシグナルとして人々は感情を参照することが多くあるとする考えです。

これに関してホックシールドは、感情が組織的に管理・訓練されることで、その参照のあり方が歪《ゆが》んでしまうことになると指摘しています。先に客室乗務員が怒りの管理の仕方を学ぶことに言及しましたが、怒りを解消するような深層演技の技法を学ぶことで、以前なら怒っていたかもしれないことがらに怒らないようになっていきます。これを客室乗務員としての熟達とみることもできますが、客にぞんざいに扱われるような、人格の侵害が起きているかもしれないことがらに怒りを感じなくなるという意味では、感情というシグナルに背を向け、自分自身の現状を知る手がかりを消失させてしまう側面もまたあるということです。

こうして感情の管理が進展していくと、「本来性（authenticity）」への関心が高まってくるとホックシールドは述べます。つまり、感情がさまざまなかたちで組織的に管理・訓練されるようになると、今度は「管理されない心」や「本当の自分」が希求されるようになるということです。そのような本来的な感情に接近しようとするとき、人々はどうするのでしょうか。ここで言及されるのが、本来的な感情に触れ、それを回復することができると強調する心理療法や自己啓発書の普及です。しかし、それらに学ぶことは果たして「管理されない心」や「本当の自分」に出合うことを意味するのでしょうか。ホックシールドは、そのことが感情をますます支配や操縦の対象とし、感情の管理を進展させていくのではないかと述べています。いずれにせよ、サービス業が隆盛する社会ではこのようにして、組織的に「心」が管理・利用され、そのことがまた「心」へのさらなる希求を生むという流れが生じると考えられるのです。

「心理主義化」が意味すること

ホックシールドを一部参照しながら、このような議論は日本国内では二〇〇〇年代に入って「心理主義化」や「心理学化」というより包括的な観点から検討されていくようになります。その端緒となったのが森真一『自己コントロールの檻《おり》——感情マネジメント社会の現実』（二〇〇〇）だといえます。彼は同書において「社会から個人の内面へと人々の関心が移行」し、「「共感」や相手の「きもち」あるいは「自己実現」」などをより重視するようになる傾向を心理主義化と定め、その内実と背景の考察を行いました。

森は、今日の心理主義化には「ポップ心理学」、つまり各種の「心の専門家」による一般向けの「心」をめぐる知識・技法の提供が大きくかかわっていると指摘しています。その具体例としては、自己啓発書の隆盛、就職活動における自己分析の定着、企業経営における心理学的知識の導入、学校教育におけるカウンセリングマインドや「心の教育」への注目などが挙げられています。こうした各文脈における心理学的知識・技法の活用を通して、人々の「心」のあり方の微細な違いが問題にされるようになったり、望ましい「心」のあり方が示されたりすることになります。その結果、問題のある人とみなされないよう、あるいは望ましい「心」の状態に至るよう、人々はより高度な自己コントロールへと焚《た》きつけられることになると森は述べます。

森はこのような状況の背景として、またポップ心理学の広がりによってさらに加速していくこととして、「人格崇拝」の強まりと「合理化」の進展を挙げています。人格崇拝についての議論は、フランスの社会学者であるエミール・デュルケムに由来するものです（ゴフマンの「聖なるもの」としての自己イメージ論もデュルケムを参照したものでした）。デュルケムは『社会分業論』（一八九三＝二〇一七）を刊行した一九世紀末の時点で、宗教の影響力が失われていく近代社会では、それに替わって個々人の人格が最も崇拝される対象になっていくと指摘していました。現代ではこうした傾向がただ保持されているだけでなく、ポップ心理学を通して自己肯定感を高めるとよい等の通念が社会に喧伝《けんでん》され、またそれを高め自らを愛する技法が社会に拡散することで、人格崇拝への志向がますます強固になっていると森は指摘します。

もう一つの論点である合理化については、流動化が進む労働環境にキャッチアップしていくため、アメリカの社会学者ジョージ・リッツァが「マクドナルド化」という言葉で論じたような合理的態度、つまり自らの効率性と計算・予測可能性を高めて市場に適応していくような態度がますます称揚されるようになっており、企業経営における心理学的知識・技法の導入などがそれを下支えしているといいます。

森の心理主義化論はこのように、かつてなく普及している心理学的知識・技法という具体的な切り口を通して、人々が「心」への注目をますます高め、人格崇拝と合理化がらせん状に進行していく趨勢《すうせい》について指摘しました。ホックシールドの議論と合わせてみると、自己と社会のバランスが前者に傾きつつあるという議論より進んで、社会がさまざまな経路を通して自己に、特にその「心」により関心を払うよう求めるようになっていると考えることができます。

2 自己の多元化

「飽和」する自己

前章の3節で、エリクソンの議論はそれ以後の社会学的自己論の展開をめぐる分岐点になりうると述べました。このことに関してまず前章では、一九七〇年代におけるアイデンティティ拡散状態の広がりに注目した青年論への展開をみました。また、本章の1節では自己と社会を調和・統合するというよりも自己の側、特にその「心」を重視するように人々がなっていく傾向について、感情労働や心理主義化といった観点から考えました。それらに加えて、エリクソンを分岐点にした展開としてもう一つ考えられるのが、今日においては自己のあり方を調和・統合することがそもそも難しくなっており、そのなかで新しい自己のあり方が芽生えているのではないかという議論です。

この議論は少し後でみるように、かなり以前にルーツを求めることができるのですが、まずは現在につながる指摘を先に紹介したいと思います。アメリカの社会心理学者であるケネス・ガーゲンは一九九一年に刊行された『飽和する自己——現代生活におけるアイデンティティのジレンマ』を次のように書き出しています。朝から学外の会議で疲弊して研究室に戻ると海外からファックスが届いていることに気づく。その返答を考える間もなく学生が質問に来るが、その会話は出版社や同僚、友人から次々と電話がかかってくるためになかなか進まない。午後になっても夜になっても静かなひとときは訪れることはなく日々が過ぎていく。このような状況は一〇年前にはないことだった。一体、何が現在の状況を生み出したのか、そしてこの状況をどう理解すればよいのか――。

ガーゲンの本のタイトルにある「飽和」とは、これ以上なく浸され、満たされている状態を意味する言葉といえますが、ガーゲンはいま例示したように社会的な関係性に個々人がその許容量・処理能力の限界まで浸されて飽和状態に達し、それによってさまざまなことに影響が生じている状態を「社会的飽和」と呼びます。では、この社会的飽和状態のもとで自己に何が起こるのでしょうか。

ガーゲンは、社会的飽和が直接的には、ますます発達するコミュニケーション・テクノロジーによってもたらされているとみています。こうしたテクノロジーは、それまでは対面的な関係性にほぼ限定されていた自己のあり方をよりさまざまなかたちに開いていくことになります。関係性が広がり、それぞれの状況に合わせた適切なふるまいが求められ、実際それらに対応していくなかで、さまざまな「〇〇としての私」が一貫性を必ずしももたないかたちで自らに「群居」するようになるとガーゲンは述べます。

また、確たる真実があるという認識が揺らいでいる「ポストモダン」と表現される社会的状況においては、それぞれの「〇〇としての私」について何が適切なのかという確たる基準もまた失われ、人々はどのような自己であるべきなのかが分からずに「めまい」がするような状態に放り込まれるとも述べます。こうした状況をガーゲンは「多元症」という造語で示しますが、彼はこれを必ずしも治療を要するようなものとはみていません。社会的飽和状態を生きる現代人にとって、そのような状態は避けることができず、また当たり前のものとして感じられているからです。

社会的飽和を当たり前のものとして感じるようになるプロセスについてもガーゲンは指摘しています。長らく、自己についての考え方の前提になってきたのは、自己の内奥に一元的に統合された、本質的な何かがあるという想定でした（ガーゲンはそれを「ロマン主義」や「モダニズム」という言葉で表現しています）。しかしコミュニケーション・テクノロジーの発達に伴ってさまざまな関係性に自己が浸されるようになると、こうした本質を自明視する感覚が社会的に揺らいでいくことになります。そのなかで人々はまず、ゴフマンが指摘したようにさまざまな関係性のなかで自己の戦略的操作を行うようになっていくことになるものの、このような戦略的操作の段階においては「本当の自分」があるという感覚はまだ捨て去られていないとガーゲンはみています。つまり、これはゴフマンやホックシールドの議論にも関連するのですが、「役割を演じている」と感じるようならば、その背後には「本当の自分」が想定されていることになるからだとガーゲンは述べます。ガーゲンによればこれは社会的飽和の進展のなかで、「本当の自分」を想定することなくその場その場で使えそうな素材を寄せ集めて自らを呈示していくような段階に進み、やがて自分というものは関係性のなかで構成されているのだという認識にたどりつくだろうと述べています（ガーゲンのこのような主張は、第5章で再び紹介する彼の議論にも関連していると思われます）。

オンライン・コミュニケーションと自己

ガーゲンは、こうした自己のあり方はめまいを感じるような不確かさとともにあるものの、別様の自己のあり方を開いていくことができる可能性に満ちてもいると考えていました。こうした楽観的な見方は、アメリカの臨床心理学者であるシェリー・タークルの『接続された心――インターネット時代のアイデンティティ』（一九九五＝一九九八）にもみることができます。タークルは世界に先駆けてインターネットの普及が進みつつあった当時のアメリカにおける、（当時なりの）オンラインゲームにおけるキャラクター設定の自在性に注目し、オンライン環境をさまざまな自己のあり方を試し遊ぶ実験場とみなしました。現実の自己とオンライン上の自己（ゲーム上のキャラクター設定）が関係する場合もそうでない場合もあるわけですが、いずれにせよプレイヤー同士で各キャラクター設定にのっとって、オンライン・コミュニケーションをとりながらロール・プレイング・ゲームを進めていくとき、現実とゲーム上の双方においてそれぞれの自己が存在することになります。複数のゲームを並行しており、それぞれで異なるキャラクター設定を採用している場合はさらに多数の自己が生まれることになります。こうした状態についてタークルは、病理的な分裂ではなく「脱中心化された」、あるいは「柔軟性のある《フレキシブルな》」自己として解釈できるものだと述べています。このようにして、オンラインゲームに象徴されるインターネット上のコミュニケーションは自己をめぐる新しい文化を芽生えさせているのではないか、という前向きな展望をタークルは一九九五年に刊行された同書のなかで示しました（しかし、後にタークルはますます発展するコミュニケーション・テクノロジーについて否定的な見解を示すようになります）。

「ポストモダン」的自己論への批判

ここで一旦まとめてみたいと思います。エリクソンの議論においては、青年期を通して自らのあり方を取捨選択し統合していくことが望ましいとされ、そうでない状態はアイデンティティ拡散として否定的に捉えられていました。それ以後の青年論において、モラトリアムに留《とど》まる状態に積極的な意義を見出《みいだ》す議論も現れましたが、ガーゲンらの議論は各種のコミュニケーション・テクノロジーが発達している現代において、統合されたものとして自己をみなす感覚が社会的に掘り崩され、それに替わって新たな感覚が現れつつあるのではないかと指摘するものでした。いってみれば自己はもはや「断片化」、ないしは「多元化」しているのだ、というわけです。メディアの発達とそれに伴われる関係性の多元化が不可逆的なものであることを踏まえて、ガーゲンらは拡散状態を批判するよりもそこに積極的な可能性を見出そうとしていました。

このような楽観的ともいえる見方には批判もあります。本章の1節でも紹介した片桐（二〇〇〇）は、ガーゲンらの「ポストモダン」的な自己論について、自己が関係性のなかで構成されるという点はそうだとしても、関係性の場、つまり相互行為の各場面において期待され演じられる役割や自己呈示のあり方はそれぞれの場面の規範に依存するものであり、また多くの場合ふるまいの許容範囲は誰にとっても同じではないと指摘します。つまりガーゲンが述べるほど、その場その場で自由に素材を寄せ集めて自らを呈示し、自己をつくりあげていくことはできないだろうということです。片桐はこのように、ガーゲンらの見解は自己の構成に関するさまざまな社会的負荷・拘束を考慮に入れていないと批判しました。

片桐の指摘は、社会学の立場からしてとても正統的といえるものだと思います。ただ一方で、ガーゲンはインターネットが普及し始める直前あたりで、タークルは普及の端緒のあたりで、それぞれコミュニケーション・テクノロジーの発達を手がかりにして自己の多元化を論じていました。それから三〇年ほど経《た》ち、その間にインターネットはなくてはならない「インフラ」のようになりました。そしてオンライン・コミュニケーションのメディアはパソコンに留まらず携帯電話へ、そしてスマートフォンへと展開するなかで個々人がいつでも・どこでもオンラインにつながれるようになっています。

また、各種SNSのようなコミュニケーションをとるためのアプリケーションはますます発達して多様なものが出揃《そろ》っており、第1章でも示したとおりSNSはもはや皆が利用していて、アカウントを複数使い分けることも珍しくありません。相互行為状況における役割・自己呈示をめぐる社会的負荷・拘束はつねにあり続けるとしても、ガーゲンらが議論の根拠にしていたメディアの発達に注目するならば、その議論は当時よりもさらに関係性に常時浸されるようになった今日においてこそあてはまるところが大きいとも考えられます。

ただ、どうあてはまるのかは経験的に検討される必要があるでしょう。たとえば、ガーゲンが述べるような社会的飽和状況のなかで自己の多元化が進行するとき、果たして「本当の自分」という感覚が実際に捨て去られることになるのか。自己が多元的であることは、それを「拡散」とみなすならば否定的に捉えられそうだけれども、実際のところどのような効果をもたらすものなのか。そもそもコミュニケーション・テクノロジーは実際に自己の多元化を促進するのか。こうした論点を含め、自己の多元化をめぐって理論的・経験的検討を重ねてきたのが浅野《あさの》智彦《ともひこ》です。以下では、その検討の結果をみていきたいと思います。

現代日本におけるアイデンティティ感覚の揺らぎ

浅野がこれまで行ってきた研究は、本書全体を支えてくれるものになっています。第1章の議論の素材とした青少年研究会調査については、その初期からかかわり続け、自己意識を含む若者文化の計量的研究を他の研究メンバーとともに開拓・整備してきました。第4章の内容に関連する論文もありますし、第5章ではまた紙幅をとって紹介することになりますが、自己についての質的研究についても多大な理論的貢献をなしています。本章でこれから紹介する内容も、前章で扱った内容のみならず、この章の3節で扱う理論的見解を踏まえたものになっているので、どこで紹介するのがいいのか難しいところなのですが、本書ではここで紹介することにして、この後の議論の伏線のようなものにしたいと思います。

浅野が自己の多元化について論じたものは、論文や本のようなまとまった分量になる著述だけでも十数点はあるので、そのエッセンスをとりだして紹介していくことにします。彼がそれらの著述においてしばしば示しているのは、自己をめぐる理論上の従来的前提に対する懐疑です。多くの場合で懐疑の対象になっているのはエリクソンの議論で、自己というものを一元的・統合的にみなし（青年期を経て最終的に一つの可能性を選び取って安定した状態になることが望ましい、そうあるべきだとみなし）、そうでない状態をアイデンティティ拡散として否定的に評価している点について、果たしてそれは今日の社会的現実に対応しているのだろうか、という問題意識を各著述からみてとることができると思われます。

ガーゲンやタークルは自己の多元化をメディアの発達から説明しましたが、浅野（二〇一六など）はよりさまざまな観点から、自己の一元性・統合性が成り立ちづらくなっている状況について考察しています。エリクソンの立論においては、自分にとってこれから過ごしていくことになる集団や重要な他者が認め受け入れてくれているという認識が、アイデンティティ感覚の確立において重要だとされていました。ここでいう認め受け入れてくれる存在について、具体的には安定した勤め先と親密なパートナーをまず考えることができます。つまり、簡単には後戻りできない一つの可能性を選び取って仕事に就き、そのなかで社会における自分の位置づけを獲得していくことと、結婚して子どもをもつという、やはり後戻りできない一つの可能性を選び取って自分自身をその親密性のなかで安定させていくこと（まさに「身を固める」こと）が、自我アイデンティティの統合においては重要だとされているわけです。

しかし浅野は、現代日本の社会的変容のなかでこうした統合は困難になっているのではないかと指摘します。まず、一九九〇年代以降における長期の不況、グローバル化や規制緩和に伴う企業間競争の激化等のもとで正規雇用者の割合が減少し、学校から職業への移行が不安定化したことで仕事を通した社会的位置づけの獲得に揺らぎが生じています。またこのことに関連して、若年世代が経済的な見通しの獲得に困難を覚えるようになることで、結婚して子どもをもつことにも現実的な展望を抱きづらくなり、そのことが未婚化・晩婚化の一因にもなっているというかたちで、親密性の達成にも揺らぎが生じています。さらに、消費という活動が生活のなかでより大きな比重を占めるようになり、「自分らしさ」の感覚に大きな影響を与えるようになっていきます（日本では、八〇年代から九〇年代にかけてこうした状況が本格化したと思われます）。つまり、それまでは職業という安定した、簡単には揺るがない状態に強く結びついていた自己のあり方が、まさにファッションのように次々と購入しては着脱を繰り返す消費の領域により結びつくようになり、自己の一元性・統合性が侵食されていくことになるのです。浅野はこのようにして、エリクソンのアイデンティティ確立をめぐる立論を支えていた社会的条件が、今日においては必ずしも標準的とみなせなくなっているのではないかと指摘します。

浅野はまた、エリクソンの立論自体が、特殊な社会的条件のもとでそもそもなされていたとみることができるとも述べます。アメリカの社会学者デヴィッド・リースマンは、エリクソンの自我アイデンティティ論が示される少し前に刊行された『孤独な群衆』（一九五〇＝二〇一三）のなかで、「伝統指向」「内部指向」「他人指向」という三つの「社会的性格」、つまり特定の社会集団の成員が、その共通する社会的経験と生活様式のもとで共有するに至った性格構造について指摘していました。そのうち内部指向は次のように説明されています。一九世紀のアメリカのような、人口が増加して社会とその成員の流動性が高まり、また資本主義や帝国主義が急速に進展していった状況にみられる社会的性格で、幼児期の教育によって植えつけられた「心理的ジャイロスコープ（羅針盤）」にもとづき、自らを強く規範的に統御し努力することで、伝統的共同体から自らを力強く引きはがして新しい激動の社会に適応していくような性格である、と。一方の他人指向は、周囲の他者の期待や好みに対してつねに「レーダー」を張りながら、変化に柔軟に対応していけるしなやかさと感受性を基調とする性格で、高い生産力が既に達成されて人口が安定してきた社会、つまりリースマンがこの本を書いた時点で現れつつある性格として描かれていました。

このリースマンの議論が上述した多元化論のルーツにあたるものです。浅野はそれを踏まえて、内部指向によりよくあてはまるエリクソンの議論は、一九世紀から二〇世紀のある時期までのアメリカ社会に適合的だった自己のモデルを普遍的理論として提示したもので、その通用性は自我アイデンティティ論が発表されたその当時において既に掘り崩されつつあったのではないかと指摘します。そう考えるなら、上述したような現代日本の社会的変容のなかで自己の一元性・統合性を前提にする必要も、それを規範的なものとみなして多元的な自己を否定的に捉える必要もありません。むしろ、今日において自己の多元化が標準的だといえるような社会的状況にあるのなら、その内実や効果をこそ経験的に考えていく必要があるということになります。

現代日本における自己の多元化

浅野による自己の多元化に関する経験的な検討は、第1章で紹介した青少年研究会調査の最初のもの、つまり一九九二年調査のデータから始まっています（浅野 一九九九）。彼はまず、調査項目のうち友人関係についての設問を分析して、「状況志向」という因子を抽出します。これは「つきあいの程度に応じて、友人と話す内容は違うことが多い」「いろいろな友人とつきあいがあるので、その友人同士はお互いに知り合いではない」「ある事柄について、我を忘れて熱中して友人と話すことがある」がひとまとまりになった因子です。はじめの二つは関係性の使い分けに関する項目ですが、これらと三つめの項目、つまりそれぞれの関係性に深く没入しているという項目がひとまとまりの因子を構成しているわけです。ここから、若者の人間関係は広く使い分けを行っているから浅いということではなく、使い分けを行っているがそれぞれに深さをもっている（そういう意味・感覚のまとまりをもっている）と見立てることができます。

この状況志向因子と自己意識に関する設問を掛け合わせると、自己の多元化と相関していることが明らかになりました。つまり、状況志向因子の得点が高いと、場面によって出てくる自分は違うものだと感じる傾向が強まるのです。しかし同時に、自分がどんな人間か分からなくなる、どんな場面でも自分らしさを貫くことが大事だと思う、自分には自分らしさがあると思うといった傾向もそれぞれ強まることも明らかになりました。関係性の使い分けは自己の多元化につながり、自分がどんな人間か分からないという拡散的な感覚をもたらすものの、使い分けた自己のそれぞれにおいて「自分らしさ」を重視し、またそれを実感しているということです。浅野の言葉でいえば、「複数の自己のどれもが本当であるという「私」のあり方」が分析から浮かび上がるのです。そこから浅野は、生活の広範な文脈を共有する「包括的」な親密性から、より多元的で限定的な関係性をその都度楽しむ「選択的」な親密性への変化を指摘し、それに伴って「唯一の本当の自分」があるという感覚は溶け去っていくことになるだろうと述べています。

このような自己のあり方については、浅野と同時期に辻大介《つじだいすけ》も「若者のコミュニケーションの変容と新しいメディア」（一九九九）という論文のなかで指摘しています。辻は「とか」「っていうか」「みたいな」などの、当時注目された（しばしば問題視されていた）若者言葉について、それらは対人関係のもつ拘束力を緩めるはたらきをもっており、対人関係のオンオ

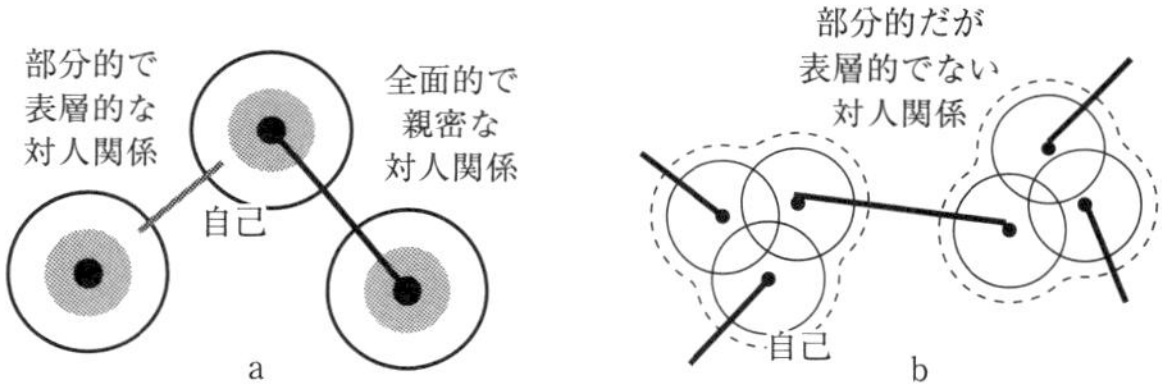

図1　自己の構造の二つの模式図。辻大介「若者のコミュニケーションの変容と新しいメディア」をもとに作成

フをしやすい状態に保ちたい若者の性向がそれらに表われているのではないかと論じました。そこから、「そのときどきの気分に応じてテレビのチャンネルを手軽に切り替える《フリッピング》ように、場面場面に合わせて気軽にスイッチを切り替えられる対人関係のあり方」としての「フリッパー志向」が強まっているのではないかと議論を進め、大学生調査のデータからそのことを確かめます。このことを踏まえて、若者の自己のあり方は、たった一つの核をもつ同心円上の構造（図1のa）ではなく、それぞれに中心を持った複数の円が緩やかに束ねられる構造（図1のb）になっているのではないかと論じました。浅野の議論と同様に、多元的な関係性はそれぞれ限定的な結びつきではあるものの決して表層的なものではなく、それぞれが自己に深くかかわるつながりになっているという見解を示したのです。

　浅野の議論に戻ると、一九九二年についで行われた二〇〇二年の青少年研究会調査のデータでは、友人関係の多元化傾向が継続して観察できることに加え、友人と知り合う経路が多様化していることや、どんな場面でも自分らしさを貫くことが大切だと思う傾向が弱まっていることなどから、自己の多元化傾向は継続しているとみています（浅野二〇〇六）。また、「場面によってでてくる自分というものは違う」と「自分には自分らしさというものがあると思う」の二項目を掛け合わせると、最も多いのは両方で肯定的な回答をしたグループ、つまり場面によって出てくる自分は違うけれど、自分には自分らしさがあると考えているグループであることから（全体の六六・五％）、自分らしさを多元的なものと捉える「開かれた自己準拠」とでもいえるスタイルが若者のスタンダードになりつつあることを指摘しています。

このように浅野は、若者調査のデータにもとづいて、一見すると拡散的だとして否定的に捉えられそうな自己の多元化傾向が現代の若者においてはむしろ標準的であり、さらにそれが決して対人関係の浅さや、「本当の自分」の消失へと単純につながるものではないことを経験的に明らかにしました（先に述べた社会的変容からの解釈は、個々の論文においてはこうした経験的分析と連動しています）。また、多元的であることの効果については、趣味に関するサークルや団体に多く所属することが（つまりある種の関係性の多元化が）、政治参加や政治的会話を活発にすることなどが明らかにされています（浅野二〇一一）。メディア利用と自己の多元化についてもいくつかの論文で検討がなされており、メディア利用が自己の多元化を促進する傾向があることはおおむねいえそうではあるものの、どのメディアをどのように用いることが多元化を促進するのかはそのときどきのメディア利用の状況や流行《はや》り廃りに伴ってそれぞれ異なっており、一つ一つ検討・解釈しなければならないこともまた明らかにされているといえます（浅野二〇一四など）。

まとめると、自己の多元化という傾向は若者にとって（今日では中高年においてもある程度）スタンダードといえるものになっており、それはネガティブな傾向をもたらしているとは必ずしもいえないということです。むしろ多元化をめぐる分析結果は、現代における若者の生存戦略のようなものを浮き彫りにしています。しかし、多元化をめぐる生存戦略の内実と効果は調査時期によって変化する部分があるので、今後についても引き続き検討される必要があるといえるでしょう。

いずれにせよ、自己という対象にどのようなモデルや性質を想定し、何を適応的なあり方とみなすのかということについては、普遍的な何かが揺るぎなくあるわけではなく、社会的状況の変化に伴ってその都度考え直されるべきであり、また経験的な検討につねに開かれた問題であるということです。普遍的な何かが揺るぎなくあるわけではないという見方は、先に労働・親密性・消費領域の変容に伴って人々が自己の揺るぎない同一性を獲得しづらくなっているという指摘を紹介したように、また第1章および本節での各種調査データから確認できるように、今日における一般的な感覚にも通じているものです。

そこで、より原理的なところから、普遍的な何かが揺るぎなくあるわけではないという現代的な感覚が生じる仕組みについて考えようとする理論的立場を、この章の後半でみていくことにしましょう。

3　後期近代と自己の再帰性

アンソニー・ギデンズ――後期近代と自己の再帰的プロジェクト

その理論的立場とは、この現代社会がどのような状況にあるのかということを考えようとするものです。もちろん、多くの社会学者がそのことを考えてきたといえますが、現代社会のあり方と自己のあり方の関係を原理的に捉えようとした社会学者ということになると、この節で紹介する四名がその代表格といえるかと思います。

まず紹介したいのはイギリスの社会学者、アンソニー・ギデンズです。彼は『近代とはいかなる時代か？――モダニティの帰結』（一九九〇＝一九九三）の冒頭で、「およそ一七世紀以降のヨーロッパに出現し、その後ほぼ世界中に影響が及んでいった社会生活・社会組織の様式」としての「モダニティ」、つまり近代社会特有の性質について考察し、それが自己のあり方の変容に分かちがたく結びついていると述べます。

順に説明していきます。まず、世の中が近代的になっていくことで、それ以前とどのような生活上の変化が起こるのでしょうか。ギデンズは、人間には自分自身や自らが置かれている状況を観察し、それに働きかけていく「再帰的（reflexive）」な能力があると述べています（再帰的という言葉は、myselfなどの再帰代名詞のように自らが自らに働きかけていくという意味で使われています）。そのうえで、前近代的（伝統的）社会においてそうした観察・働きかけは伝統的共同体の慣習の内部で行われていたといいます。伝統的共同体といま一言でいいましたが、ギデンズが念頭に置いている前近代のヨーロッパと、私たちが暮らしているこの日本の前近代を同じように捉えることは簡単にはできませんし、日本に絞って、さらにたとえば「農村」に話を絞ったとしても、そのあり方は時代や地域によってさまざまです。そのため、伝統的共同体とはこういうものだと説明することは実はすごく難しいのですが、ここでは読者の皆さんが歴史の授業で何らか学んでイメージをもちやすいであろう、日本の江戸時代の典型的な農村を例にして考えてみることにします。

農村ということでイメージしてもらいたいのは、田植えや収穫といった農作業や冠婚葬祭などを相互に協力し合う、血縁・地縁的に深い結びつきのある村落（自然村）です。大体、四〇〇人程度の規模が平均的だったようです。そこでは農作業などをめぐる相互扶助をはじめ、それに関係した用水や入会地の利用、村落特有の身分関係の秩序など、さまざまな掟《おきて》・しきたりがありました。これらを逸脱すれば、その制裁として村の人々からの扶助を得られなくなる可能性があり、そうするとおそらく生活は立ち行かなくなってしまうでしょう。こうした掟・しきたりは、基本的には「そういうしきたりだから」「昔、村でそう決めたことだから」として皆で遵守することが大前提で、仮に何か問題が起こってそれらを変えようとなった場合も、共同体による合議（村の寄合）のもとで変わっていくことになったはずです。

このように、人々の生活は全体として共同体に「埋め込まれた」状態にあったといえます。もう少しいえば、その共同体に埋め込まれた「家」の秩序にも、人々は二重に埋め込まれていました。つまり、人々の人生それ自体が、個人の考えがどうこうというよりは、どのような身分の家に生まれ落ちたのか、本家なのか分家なのか、男性なのか女性なのか、長男なのかそうでないのかといった社会的属性によって分岐がはっきりと異なる、各共同体における「家」の慣習のなかでやはり水路づけられていたといえます。

これが近代になると、たとえば行政上の区分としての村（自然村に対する行政村）が編成されたり、学校制度が始まって生まれを問わない立身出世の道が開けるようになったり、村の外から色々な人や知識・技術が入ってきたりといったかたちで、伝統的共同体の掟・しきたりや人々の人生のあり方はより広い社会的文脈のなかに置き直され、そのもとでどうするかが考えられるようになります。もちろん、近代以前にこうした傾向がまったくなかったわけではありませんし、近代になったからといって一挙にあらゆるものが考え直されたわけではありません。学歴達成によって村を抜けることができた者は当初はかなり少数だったでしょうし、属性による拘束も根強く残り続けたでしょう。しかし、近代以降の社会にはその特有の性質として、それまで伝統的共同体に埋め込まれていたことがらをより広い文脈に置き直すという「脱埋め込み」の作用が内包されているとギデンズは述べます。

近代社会が継続することは、この脱埋め込みメカニズムが社会のさまざまな領域に及び、あらゆることがらが各種の情報のもとで「本当にこれでよいのだろうか？」というかたちでますます捉え直されるようになることを意味します。これはつまり、人々が行う観察・働きかけにおける参照範囲がより広がり、それゆえにさまざまな視点を考慮した修正が、あらゆることがらに対してつねに行われるようになっていくということです。ギデンズは、現代社会はこのようなメカニズムが徹底的に、見境なく進行した状況にあるとし、それを「後期近代」や「ハイ・モダニティ」といった言葉で表現しています。

さて、このようなとき、自己のあり方にどのような変容が起こるのでしょうか。ギデンズは、「私が今のような私であること」という、エリクソンよりはシンプルな意味での自己の同一性《セルフ・アイデンティティ》もまた、かつては個人の考えがどうこうというよりは、伝統的共同体の安定した慣習・秩序に埋め込まれていたと述べます（アイデンティティという言葉の意味がエリクソンと違うことの意味については、次の項のおわりで説明します）。しかし、近代化に伴う脱埋め込みメカニズムの進展のなかでそうした慣習・秩序が揺らぎ、「私が今のような私であること」もまた、生まれ落ちた身分秩序のもとで疑われることもなかった状態から、個々人によってさまざまな視点から捉え直されることがらへとその位置づけを変えるようになります。

このとき、脱埋め込みメカニズムの進展は、そうした捉え直しの際に参照される各種の規範・価値観・関係性をも相対化していくため、自らのあり方を何かに単純に委ねるということは難しくなります（正確にいうと、できないわけではないのですが、ギデンズは特定の何かに自己を委ねきっている状態を「嗜癖《アディクション》」と呼び、それを今述べたような自己の捉え直しが要請される社会的状況において生じる一つのリアクションとして位置づけています）。

このような状況において人々は、これまでの経験や各種の情報を自ら解釈・組織して、これまでのこのような経験がこうつながって、今のこのような自分があり、そしてこれからはこのように生きていくのだというかたちで自己を「物語」のように編成することで、安定した自己理解を自らつくりあげていかねばならなくなっている、というよりそうするほかなくなっているとギデンズは述べます。そして彼は、そのような現代的な自己のあり方を「自己の再帰的プロジェクト」と表現しています。

ギデンズは、このように自己が再帰的な構築物へと変化していく近代社会の傾向を象徴するのが心理療法だと述べています。心理療法はギデンズのモダニティ論においては、脱埋め込みメカニズムを担う「専門家システム」の一角として位置づけられています。先ほど、近代化に伴ってさまざまな知識・技術が伝統的な考え方やふるまいのあり方を相対化することを述べましたが、これらの知識・技術を提供する最たるものが「専門家システム」だとギデンズは指摘します。各種の専門家から社会にもたらされる知識・技術は、科学や産業から世論、人々の日常的なふるまいまで、あらゆるところに影響を及ぼしていきます。これらのうち、人々のふるまいへの影響に関しては、心理療法に限らず心理学一般も、社会学も、哲学や経済学などもそこに関与しています。つまり、人々のふるまいを専門的な観点から説明する営みは、人々に伝わり、学ばれ、取り入れられて人々のあり方を変えていくことにかかわるわけです（本書も、多分そうです）。そしてギデンズは、なかでも心理療法こそが最も直接的に人々の日常的なあり方に介入する専門家システムだと位置づけています。

このような位置づけからしても心理療法は重要なのですが、それらから発せられるメッセージもまた、『モダニティと自己アイデンティティ――後期近代における自己と社会』（一九九一＝二〇二一）という著作タイトルの意味を考えるにあたって、とても象徴的なものだとギデンズはみています。心理療法の考えにもとづいた自助マニュアル（日本でいう自己啓発書に相当します）の分析から、ギデンズは次のような自己についての考え方を抽出します。自己というものは、自分自身でつくりあげていくプロジェクトのようなものであること。その営みは、自らを観察し、ふりかえり続けることを通して継続的に行われるものであること。自分自身を観察し、また解釈するなかで、過去・現在・未来へと連なる自己の軌跡ないしは物語を描き出していく必要があること。その軌跡・物語を受け入れ、「私が今のような私であること」を実感できるかどうかは、自分自身にとってその軌跡・物語が「本当らしく（authentic）」思えるかどうかによること。このような考え方は、先に述べた脱埋め込みメカニズムの帰結として生じる自己のあり方とまさに共振しており、だからこそ現代を生きる人々がこうした自助マニュアルに頼ることになるわけです。ギデンズはこのような意味で、心理療法をモダニティにおける自己のあり方を考えるための象徴として位置づけたのでした。

ところで本書ではここまで、心理学や心理療法が「自己」のあり方の構成にかかわってい るとして、ときに批判的にもみえる指摘を紹介してきましたし、この後も何度かしていくのですが、このことは筆者を含む社会学者が心理学や心理療法を特別目の敵にしているというようなことでは決してありません。自己と社会とのかかわりを考えていく際、それらが今述べたように自己について最も直接的に、また影響力をもってその知識・技術を提供している専門家システムであるからこそ、考えないわけにはいかないのです。逆に、たとえば社会的格差やジェンダーといったことがらであれば、むしろ社会学こそが最も影響力をもっている可能性がありますから、その場合は「社会学化」というような指摘ができるかもしれません。心理学や心理療法に慣れ親しんでいる方は、ここまでの本書の記述にむっとしたかもしれません が（それで本書を読むのをやめてしまわないとよいのですが）、筆者を含む社会学者に特段の敵意があるわけではないということはここでお伝えしておきたいと思います。

さて、こうみてきたとき、本章の1節で述べたような「心」への注目をより包括的に捉えることができるようになります。つまり、近代の脱埋め込みメカニズムに伴って各種の規範・価値観・関係性が揺らぎ、人々自身がそれぞれの自己をつくりあげねばならなくなった状況において、自己の物語を編成していくための最も「本当らしい」手がかりがあるとみなして人々は「心」への注目を強め、またその際の最も直接的な答えやヒントを提供してくれるものとして「心」を取り扱う専門知が希求されているのではないか、というように。本章の2節で述べた多元化傾向についても、各種のコミュニケーション・テクノロジーは人々のふるまいや自己のあり方を、オンライン上という広大な世界へと解き放つことで脱埋め込みを加速させるものと位置づけることができます。また、自己の多元化に関する浅野の研究はみてきたようなギデンズの議論を踏まえたうえで行われていたものでしたし、より近年ではカナダの社会学者ジェームズ・コテがエリクソンとギデンズの議論を織り合わせて、再帰的な自己への態度は現代社会を生き抜くための心理的な資源、彼の言葉でいえば「アイデンティティ資本」の一部を構成するとして経験的な検討を行ってもいます（Côté 2019など）。このように、ギデンズのモダニティ論はこの現代がどのような状況にある社会なのかを考えるところから、自己をめぐるさまざまな今日的現象の分析・解釈までを包括的に可能にする、とても汎用性の高い観点だといえます。

ウルリッヒ・ベック――再帰的近代における個人化と責任

ギデンズの盟友といわれることもあるドイツの社会学者、ウルリッヒ・ベックも近代という状況を考えるなかで、ギデンズに近しい現代的自己のあり方について論じています。ベックは『危険社会――新しい近代への道』（一九八六＝一九九八）などで、近代化は二つの段階をとるものだと論じています。一つめの段階では、伝統的共同体の制約から解放される一方で（ギデンズの言葉でいえば「脱埋め込み」）、近代化の中心的プロセスともいえる産業化の進展のなかで確立されていった（近代）家族・職業・階級、それらに関連したライフコースといった新たな「伝統」が人々を包摂していました（ギデンズの言葉でいえば「再埋め込み」）。人々はこうした中間集団、およびそれらに伴われる規範や価値観によって、かつてほどの揺るぎなさはないかもしれないものの、ある程度安定した人生の展望を描くことができたのです。具体的にいえば、いい学校に行き、いい会社に入り、当然のように結婚をして、父親は安定した終身雇用の正社員として働き、母親は専業主婦として父親を支え子どもを育てる、というような典型的な、つまりは「自分も多分そうなるんだろうな」と思えるようなイメージを多くの人々が疑いなく描けたということです（これは、中流階級のサラリーマン家庭の典型的イメージであって、他のイメージもまたあるということは断っておきます）。

しかし、近代化がさらに進展していくと、こうした中間集団やそれらに伴われる規範・価値観もまた、その意義が問い直されることになります。先に、現代日本においては労働・親密性・消費という各側面から、安定した自我アイデンティティの確立が難しくなっているという浅野の指摘を紹介しましたが、まさにそのようなかたちでそれまでの「伝統」が揺らいでいくようになるわけです。いい学校に行ったからってどうなるのか、いい会社に入ったからってどうなるのか、ずっと同じところで働き続けることができるのか（そうすべきなのか）、結婚できるのだろうか、そもそもしなければならないものなのか、男性だから・女性だからといってこうせねばということはないのではないか、というように。これは、近代化のさらなる進展に伴って、近代化のプロセスのなかで生み出されてきた中間集団や規範・価値観自体が掘り崩されるような状況だといえます。近代化による変化の向かう先が、自らの拠《よ》って立つ基盤それ自体に向かうようになる傾向を強める二段階目の近代化を、ベックは「再帰的近代化」と表現しています（再帰的近代化は本来もっと射程の大きな概念なのですが、本書では自己をめぐる議論のあたりのみを紹介しています）。

本書にとって、ベックの議論で最も重要な概念は「個人化」です。といってもその意味の半分は既に説明してきたことです。一段階目の近代化プロセスにおいて、人々は伝統的共同体やそれに伴われる規範・価値観から解放され、それぞれ個人として生きることを求められるようになります。しかしこの段階では、述べたように近代化のなかで確立されていった中間集団が人々を再び包摂していました。しかし二段階目の近代化プロセスにおいて、それらもまた安定性を失い、人々はまったくの個人として社会に投げ出されるようになります。ではこのとき、人々はどのようにして生きていくことになるのでしょうか。

ベックはこのように個人化がますます進展するとき、「制度化」もまた進展すると述べています。つまり、中間集団の支えがなくなっていくことで、学校制度・労働市場・社会保障といった制度に依存する度合いがむしろ高まっていくというのです。もちろん、上述したように、いい学校やいい会社に入ったからといって安心できる状況ではもはやなくなっています。しかし、他に支えとなるものがない以上、個々人が頑張って学歴を高め、労働市場に適応し、場合によっては専門家の助言を自ら活用しながら、「自分独自の人生」を事業家のように設計・運営していかねばならなくなっているというのです。しかし、社会における不平等がなくなったわけではありませんから、学歴達成や職業移行などに際してどのような資源を利用することができ、どれくらいの訓練や準備をすることができるのかは、人々の社会的属性や置かれた状況によって大きく異なっています。にもかかわらず、制度のもとで自らをパフォーマンスし続けていくことが、選択の余地なく強制されているのだとベックは述べています。

個人化と制度化がこのように進行するとき、人々の人生に起こることは、すべからく自己責任の問題とされるようになっていきます。失業に関する具体的な事例からこのことを考えてみましょう。日本では一九五〇年代をピークとして、激しい労働運動が展開されました。なかでも有名な三井三池争議（一九五九～六〇）は、石炭需要の低下に伴って三井鉱山が福岡県から熊本県にまたがる三池炭鉱の労働者大量解雇を行ったことによって起こった大規模なストライキおよび闘争です。このとき、解雇は個人的な問題ではなく、ともに働く炭鉱労働者およびその家族、ひいては炭鉱の町に住む人々全員が我が事として受け止めるようなまさに死活問題でした。だからこそ闘争は同じような生活状況にある人々が連帯し、大規模で、また激しいものになったわけです。

しかし、述べたような個人化・制度化が進行した今日では、解雇は個人的な「失敗」として、つまり個々人の努力ないしは能力不足の問題として解釈されるようになります。もちろんこれには、労働運動の主たる担い手であった労働組合の組織率が低下したこと、運動を支える思想的状況の変化、そもそもの産業構造が変化したことなども関係しています。ですがいずれにせよ、人々が個別に制度上でパフォーマンスを競い合う状況にあり、また産業社会が発展・成熟するなかで個々人の働き方やライフスタイルが各個ばらばらなものになっている（同じような生活状況にあるという感覚が失われた）今日においては、もはや失業をはじめとする人生の諸問題は、それが会社あるいは社会の側に問題があるような場合でも連帯はもはやかなわず、「人生で起こる問題はすべて自分の責任なんだ」「問題はすべて自分で解決しないといけないんだ」として個人的に立ち向かわざるを得なくなってしまうのです。だからこそ、人々は自分自身やその「心」に関心を向け、「自己実現」や「アイデンティティ」を専門家の助言などを通して追い求め、仕事上のスキルや人生における意思決定能力の向上などに勤《いそ》しむようになるとベックは述べています。

次の項で紹介するジグムント・バウマンは、ベックの議論の要点を次のように表現しています。（後期近代に対する）前期近代において、人々が伝統的な身分の拘束から抜け出た先に「自己同一化」するのは、階級のような「社会的類型」や「モデル」だった。それはかつての身分よりは個々人の努力や業績を通して到達ないしは選択される余地をもっていたが、皆と同じようにふるまえば基本的には同一化できるもので、同じような「椅子取りゲームの椅子」は望む者が座れるほど十分にあり、一度収まればそのまま座り続けることができた。しかし後期近代において、皆がはまり込む自己同一化のモデルは解体し、個々人がばらばらに自らの人生を歩まねばならなくなった。「椅子取りゲームの椅子」もサイズ・様式が一つ一つばらばらで、自分に合う椅子を探せたとしても短いスパンでそれは合わなくなり、人々は自分に合う椅子を探し続けねばならなくなっている、と（ベックほか 二〇〇一＝二〇二二）。

さて、ここまでの議論を踏まえて、「アイデンティティ」という言葉の意味を考え直してみましょう。エリクソンの自我アイデンティティ論における、自分自身における同一性・連続性の自覚と、自分にとって重要な他者やこれから過ごしていくことになる集団、ひいては社会が認め受け入れてくれているという自覚とのすり合わせは、その社会において広く共有されている、安定した同一化モデルの存在（エリクソンの言葉でいえば「プロトタイプ」）を前提にしていると改めて捉えることができます。述べてきたように、それらはまさに近代化のなかで確立されてきたものでしたし、エリクソンもそうした時代状況のなかで立論を行っていたわけです。つまりは、エリクソンの自我アイデンティティ論は前期近代的な構想なのだといえます。

しかし、モダニティの脱埋め込みプロセスないしは個人化の進行によりそうしたモデル・プロトタイプを含めたさまざまなことがらの安定性が解体し、「私が今のような私であること」も、これまでの経験や各種の情報を自ら解釈・組織して、また各種の制度のもとで生き抜きながら「再帰的なプロジェクト」として取り組み、自分だけの答えを自ら出していかねばならなくなっています。ギデンズにおける自己アイデンティティの定義は、「個人が自分の生活史に基づいて再帰的に理解する自己」というもので、エリクソンの議論と比べると他者・社会による受容の側面が欠落しています。ですがこれはもちろん、「心の現象」として自己を捉える見方に回帰してしまったわけではありません。述べてきたように、あらゆるものが捉え直しの対象になっていくなかで、個々人が自らの人生経験と各種の資源を自ら再構成して自己をつくりあげていかねばならない（ギデンズの言葉でいえば「内的に準拠」するかたちになった）状況を踏まえたがゆえの欠落なのです。

ジグムント・バウマン――流動的近代における自己の不安定性と格差

先ほど触れたジグムント・バウマンも、現代における自己のあり方について、ギデンズやベックと近しい議論を展開しています。現代をギデンズは「後期近代」、ベックは「再帰的近代（あるいは「第二の近代」）」として捉えましたが、バウマンはそれを「流動的近代《リキッド・モダニティ》」と表現しています。

彼の代表的な著作のタイトルがまさに『リキッド・モダニティ――液状化する社会』（二〇〇〇＝二〇〇一）です。これは、固体のように強固だった前近代の伝統・慣習が近代になって溶けきった結果、同じ状態を保つのが困難になるほどに社会のあらゆることがらが流動的になった現代の状況を表現しています。そのなかでは「私が今のような私であること」もまた、共同体に埋め込まれ与えられるものから自分自身で答えを探していかねばならないものへと変容し、自らの選択に伴う結果は個々人が引き受けざるをえなくなっているとされます。このように、バウマンは大きくはギデンズやベックらと同様の議論を展開しているのですが、ギデンズが自己の物語、つまり安定した自己理解の再帰的確立をポイントにしていたことに比べると、バウマンの議論は現代的自己の不安定性により注目しているといえます（ベックも、どちらかといえばそうだと思います）。

先に椅子取りゲームのたとえをバウマンがしていたように（最終的な完成イメージが分からず、ピースが欠けているかもしれないジグソーパズルというたとえもあります）、バウマンは現代におけるアイデンティティの模索は、決定的な答えに至らずうつろい続けるものだと考えています。彼はポーランドに生まれ、その後最終的にイギリスに落ち着くまで各国を転々とした流浪の社会学者といえますが、彼はそうした経験にも根差したグローバルな視点から、次のように現代的な自己の不安定性を説きます。

自己の同一性を長らく支えてきた労働からまずみていくと、グローバルな競争がますます進展し、労働市場も働き方もますますフレキシブルになるなかで過去の業績やこれまでの経験がそのまま適用しがたくなっている。そのため、自らをアップデートし続けて変わりゆく状況に対応することができなければ、人々は「廃棄物」として労働市場から排除されかねなくなっている。また、今日においてとっとり早く「私が今のような私であること」を充足させてくれるのは、多種多様なかたちで自己を飾り立て、変身させてくれる消費というふるまいだが、それもまたグローバルな競争のもとで次々と新たな消費の選択肢が提供され、流行に乗り遅れたり、選択に失敗したりすれば自分自身が「有効期限」切れの存在として、マイナスの自己イメージを刻印されかねない。そもそも、消費をめぐる欲望自体、捉えどころがなく、また刻一刻と変化していく不安定なものである。

このようななかで、人々は一つのところに留まってくつろいだ感覚を得るのではなく、自分自身や自らが置かれている状況の観察を絶えず行いながら、いくらかは耐久性のありそうな手がかりに「クロークルーム」のように自らを一旦預けては引き取り、「錨《いかり》」を下ろして少しだけ繋留《けいりゅう》してはすぐに出航するように自分の新しいあり方を探し続けることになる。むしろ今日では、「自分を変えられない」ことや一つのところに留め置かれたりすることは、不快感や圧迫感を覚えるまでのことになっている。今日において、唯一揺るぎない「アイデンティティの核」があるとすればそれは「選んでいる」ということ、つまりつねに完成されることなく、動き続け、変わり続けていることなのだ――。

バウマンは、このように自分のあり方を選択し続け、その結果を自らが引き受けねばならない状況が生じさせる問題についても指摘しています。たとえば、このような自分自身のあり方にばかり気をとられるような状況では、自分とは異なる人々と時間をかけて分かり合い、協力・連帯していくことよりも、個々がばらばらに競争し合い、助け合うことなく分裂していくような傾向が強まるだろうと述べています。

また、選ぶことをめぐる格差についてもバウマンはしばしば言及しています。彼は『リキッド・ライフ――現代における生の諸相』（二〇〇五＝二〇〇八）のなかで、より財力や権力を多くもつ者が、より十全に選択を行って自らのあり方を思うように構成できる一方で、多くの人々は思うように選択をすることが経済的にも政治的にもできず、むしろ押しつけられたあり方、自己イメージのなかに閉じ込められていると指摘しています。

アメリカで生まれ、現在はイギリスで研究・教育に携わっている社会学者のスコット・ラッシュも、ギデンズとベックとの共著本『再帰的近代化——近現代における政治、伝統、美的原理』(一九九四＝一九九七)のなかで、再帰性の「勝者」と「敗者」が現代において新たに生まれていることを指摘していました。自分とはどんな人間かをふりかえり、その自己理解に合わせて、行きたい学校や職場、好みのライフスタイルといったさまざまな人生の選択肢を現実にありうるものとして考え、選び取り、必要に応じて選び直していくこと。こうした「再帰的プロジェクト」として自己を感じ取り、実際に取り組んで実現していくことについても、それを可能にするさまざまな社会的資源の違いにもとづく「私」のあり方の格差として捉えられる側面があるというのです。

アンソニー・エリオット——「新しい個人主義」とその感情的コスト

この章の最後に紹介したいのは、オーストラリアの社会学者であるアンソニー・エリオットの「新しい個人主義」についての議論です。エリオットは、今日では「私が今のような私であること」を人々が再帰的に構成していかねばならないとするギデンズらの後期近代論を踏まえながら、現代的自己をめぐる感情的側面、特にそのネガティブな側面に注目して議論を展開しています(Elliott and Lemert 2009; Elliott 2016, 2021)。

エリオットは、消費文化に重要な位置づけを与えた点で、これまでみてきた三名のなかではバウマンに近しい立場をとっているといえますが（とはいえ、ギデンズも自己実現やライフスタイルの商品化について指摘はしています）、それをより今日的な状況に対応させて展開しているといえます。

彼は今日の、地球を覆いつくす資本主義の展開のもとで、またオンライン上で際限なく欲望が煽《あお》られる状況において、特に先進国に暮らす人々はさまざまなモノおよびシンボルを用いて自己表現し、「私が今のような私であること」を示すべく促されていると述べ、そうしたなかで台頭してきた自己をめぐる新たな態度を「新しい個人主義」と表現します。彼が示す例は実にさまざまで、とても現代的といえるものです。美容整形、各種のダイエット法、ファストセラピー、それらを用いた「変身」を公開するリアリティショー、変身のロールモデルとしてのセレブリティ文化、新しいｉＰｈｏｎｅへの熱狂などなど。マスメディアのみならず、今日ではソーシャルメディアをはじめとするオンライン環境がこれらを用いた自己変革を常時魅惑し、その即時購入を可能にするデジタル経済がそれをさらに後押ししています。

エリオットは、「新しい個人主義」の特徴を四点に整理しています。一つは「自己の再発明」で、今述べたような例を通して、あるいはファッション、メイク、食べ物・飲み物、ライフスタイル、キャリア、オンライン上の自己表現など、ありとあらゆることがらを通して自らの変革・改善を行い続け、また表現することに向かわせる文化的志向が根底にあること。二つめは「即時の変化」で、内省も努力する時間も必要としない、指先一本動かして購入するだけで即時の変身が可能になるようなアイテムが消費産業から多種多様に提供され、今日における自己再発明の主要な選択肢になっていること。三つめは「速度」で、次々と現れ出てくる新しい自己実現の選択肢に、またオンライン上の情報の奔流についていき、自らのあり方をかつてなく高速にアップデートすることが当たり前のようになっていること。四つめは「短期主義あるいはエピソード性」で、こうした消費および情報環境の変化に加え、既に幾度か述べてきたような労働環境の変化によって雇用は長期的に安定しないものになり、友人・恋愛・家族関係も中長期的に安定したものから関係を取り結び続けることによってのみ存続する「純粋な関係性」(ギデンズの用語)へと変化していくなかで、人々の人生が長期的に耐えうる物語ではなくなり、短期的なスパンで物語を書き換えられねばならなくなっている、もしくはその時々のエピソードの集積でしかなくなっていること。

このような諸傾向のもとで、エリオットは総体として、人々の自己をめぐる不安や恐れが次のようにますます高まってくると指摘します。つまり、消費という選択肢を通して、あるいはオンライン上の表現によってその都度自分の新しい姿を示したとしても、それはさしたる考慮もなく即時的に、また偶発的に選択されたものにすぎず、そこで示した自分のあり方が明日以降も耐えうるものなのかは定かではない。このようなことを終わりなく続けねばならず、そうでなければバウマンが述べたように自らは使い捨てられてしまいかねない。自らを即時に再創造しなければならないというプレッシャーのなかに人々はあり、そのなかで人々は自らを日々実現しているものの、その偶発性と脆弱性《ぜいじゃくせい》のために不安や恐れをつねに抱き合わせた状態なのだ、と。

先ほど紹介したラッシュは、前期近代における人々は普遍的な規則に照らして自らを「内省（reflection）」することを通して、自らの人生をひとつながりの物語として描き、また生きることができたのに対して、後期近代における人々は寄りかかることのできる普遍的な規則が掘り崩され、自らのふるまいによって再帰的に状況が変わっていくほどの流動性のなかで、内省するというよりは「反射（reflex）」的に状況ごとの規則を発見し、その場その場を生き抜いていかねばならないのだと指摘していました（ベックほか 二〇〇一＝二〇二二）。ここまでみてきたようなエリオットの議論は、まさにそのような反射的といっていいような自己構成が、今日的な状況において一つのあり方になっていることを示唆するものだといえます。そしてエリオットは、そのようなあり方が人々に多大な感情的コストを強いているとして危惧を抱いています。

自己をめぐる経験的研究へ

ただ、筆者からすると、エリオットの議論はちょっと先進的すぎて個人的についていけないと思うところがなくもありません（これはまず、筆者がもう若者ではないからということがあると思いますが）。筆者がエリオットの議論を説明するにあたって念頭に置いていたのは、インスタグラムなどを通して「キラキラした自分」を、投稿をみている人がうらやむほどに次々と違うかたちで示すような人、というようなイメージだったのですが、筆者が務める大学のゼミ生などに聞いてもこういうイメージにあてはまるのはごく一部でしかないようです。美容整形を繰り返し、ライフスタイルを転々と変え、という人もそれほどいるとは思えません。ただ、海外の研究者の著述をみるとエリオット以外にも同様の論調をとるものがいくつかみられるので、世界的にみればそうなのかもしれません。

とはいうものの、エリオットの議論そのままではなくもう少し弱いかたちであれば、今日の日本で生きる私たちにとっても、特に本書の主な読者である若い人たちにとってはあてはまる側面があるのではないでしょうか。この章で紹介してきた各種の現代的自己論も、それぞれそのようなものでしょう。ぴったりとあてはまらないことは、それぞれの説明に意味がないということにはなりません。完全に合致するような事例は一部だとしても、社会的な現象の特徴を凝縮し、それを一貫した論理のもとに組み立てた「理念型」(マックス・ウェーバーの用語)を描くことで、個々の現象と突き合わせ、理念型との距離によってその個別の特徴を把握したり、複数の現象におけるあてはまりの程度を比較したりしてそれぞれをよく理解することができるようになります。今日の日本で生きる私たちにとって、というような言及もまた、まさにエリオットが示した理念型があってこそ可能になっていたのでした。

とはいえ、筆者の日本における云々《うんぬん》という言及は、個人的な印象にもとづくものにすぎません。筆者が本書を準備している段階において、「新しい個人主義」に関する本格的な経験的検証はまだほとんど行われていないと思われるので、ちゃんと考えてみる必要があるでしょう。自己の社会学における経験的研究のフロンティアがそこには広がっているといえます。

ただ、自己の社会学における経験的研究といっても、それがどういうものなのかいまいちピンとこないかもしれません。その一つのかたちは第1章で示したような計量的アプローチなのですが、あと二つのアプローチを本書の残りの部分を使って説明していきたいと思います。次の章でまずみていきたいのは、筆者自身が主に行っていることでもあるのですが、各種の資料を丹念に分析することから、それぞれの社会における自己のあり方を研究しようとするアプローチです。

第4章　つくられる「私」

前章では、自己のあり方が近年の社会的状況のなかで変化しているとする各種の議論をみてきました。なかでも1節では、現代社会において「感情」や「心」がますます重要だとみなされるようになっていること、またそれらのあり方がやはり社会的状況のなかで変わっていくことを論じた研究者を紹介してきました。この「感情」や「心」のあり方をめぐっては、近年世界的に「感情史（感情の歴史学）」というアプローチが注目を集めています。このアプローチではさまざまな文書資料《ドキュメント》の分析を通して、時代による感情のあり方の違いや変化が研究されています。前章の終わりで述べた「各種の資料を丹念に分析することから、それぞれの社会における自己のあり方を研究しようとするアプローチ」を考えていくにあたっては、まずこの感情史を手がかりに話を始めてみたいと思います。

1 「自己」を歴史的に捉える

「感情史」というアプローチ

「自己」と同様に、あるいはそれ以上に「感情」は、それが個々人に内在する本質的なもの、また人間一般に共通する普遍的なものというイメージが抱かれているかもしれません。しかし、たとえば古文の授業で学ぶ「あはれ」「をかし」といった情緒を表す言葉は、それらが今日では日常的に使われておらず、また一語でぴったりあてはまる現代の言葉がないからこそ、文脈に応じて訳し分ける必要が出てくるわけですよね。中学や高校で授業を受けながら、同じ島国に生きているのになんでこんなにも使う言葉とその意味が違うんだ、と思ったことはないでしょうか。ただその違い方は複雑で、古文単語のなかには今日までおおむね同じ意味で存続しているものもあれば（たとえば「うしろめたし」「はしたなし」）、同じ言葉は残っているけれどその意味が当時から変化したもの（たとえば「いとほし」「あたらし」）、その言葉自体が今日では使われなくなってしまったもの（たとえば「あいなし」「うたてし」）というように、それぞれにその行く末が異なっています。そして平安時代・鎌倉時代・室町時代など、それぞれの時代でこれらのありようは異なってくると考えるべきでしょう。国や地域が変わればそのありようはさらに異なってくるはずで、これは一つ一つちゃんと調べていかないと分からないことです。

逆に現在からみれば、若者言葉を中心に感情を表す今日的な言葉が色々とありますが、それらは平安時代などにはもちろんありません。私たちが古文を勉強して情緒を表す言葉の意味を理解し、そこでようやく当時を生きていた人々に思いを馳《は》せることができるようになるのと同様に、今日的な感情語の意味を違う社会で生きる人に理解してもらうのはそれなりの時間と手間が必要になるでしょう。実際、感情史のルーツの一つになっている文化人類学的研究ではそれぞれ、訪れた社会における独自の感情語をめぐって、本一冊を費やしての解釈が行われています。

感情の歴史的変化について、実際の研究から例を出してもう少し考えてみましょう。ドイツの歴史学者ウーテ・フレーフェルトは『歴史の中の感情——失われた名誉/創られた共感』(二〇一一＝二〇一八)のなかで「名誉」について考察を行っています。一九世紀のヨーロッパでは、自分の名誉を汚されたと感じた中流階級の男性は、その地位や命を顧みず相手に決闘を挑むことがしばしばありました。実際にそれで命を落とすこともあったのですが、そうなるとしてもなお、自らが侮辱されたままではとてもいられない、いるべきではないという感情に身を委ねずにはいられなかったのです。ですが、今日のヨーロッパで命をかけた決闘が行われた、なんていうニュースを聞くことはありませんよね。フレーフェルトは、二〇世紀の中頃には名誉を何よりも重んじるという感覚が一般的に退潮し、名誉はいってみれば「失われた感情」になったと述べています。他にも、日本語に翻訳されているものだけをみても、怒り、痛み、共感、孤独感など、さまざまな感情のあり方が歴史的にみてそれぞれ、今日とまったく同じ構造をなしてはいないことが明らかにされています。

こうみてきたとき、かつての「あはれ」「をかし」の情緒を生きていた人々、自らの命を投げ出すまでに名誉を重んじていた一九世紀ヨーロッパの中流階級の男性、感情をめぐる現代的な言葉を使いこなしている私たちとでそれぞれ、まったく同じ感情の抱き方をしていると考えてよいものでしょうか。

感情史に取り組む人々のなかでも、人間一般に共通する普遍的な感情（少なくとも喜怒哀楽などの基礎的な感情）を想定するかどうか、その想定をどれくらい研究に取り込むかどうかは、立場が分かれています。そうした立場の違いはあるにせよ、感情史研究者の基本的なスタンスは、述べてきたような感情をめぐる言葉の違いと、それぞれの社会を生きる人々の感情のあり方は強く相関していると考え、さまざまな文書資料——作法書、手紙、日記、自伝、回顧録、遺言書、詩歌、物語、哲学的著作、対談集、教会文書、聖人伝、医学書、百科事典、さらには絵画、墓碑銘、政治演説、新聞、雑誌、広告、自己啓発書、Eメールまで――を分析して各種の感情をめぐる意味づけ・基準・規範、およびその表現・利用のあり方が歴史的にどう変化してきたのか、性別や階級といった社会的属性によってそれらはどう異なるのか、またある感情語がどう生まれあるいは消えていったのか等を研究していこうとするものだといえます。

近年の感情史研究の世界的な盛り上がりはかなりのもので、ここでその全容を紹介することはとてもできません。以下では、文書資料の丹念な分析にもとづく歴史的な考察をかなり早い段階に行って、後の感情史研究に大きな影響を与えたとされる社会学者のノルベルト・エリアスの知見をとりあげて、ドキュメント分析を通した自己をめぐる経験的研究の具体的なありようをみていきたいと思います。

ノルベルト・エリアス――『文明化の過程』と自己抑制

エリアスはその主著『文明化の過程』（一九三九＝一九七七・一九七八）の序論において、「近代の人間像」の批判的検討が必要であると述べています。つまり、自律的に自らとその感情を制御し、慎みと細やかな配慮をもってふるまうことができる人間のあり方、エリアスの表現でいえばその「情感と制御の構造」のあり方は、近代以降の社会を生きる私たちからするとごく当たり前で、あらゆる社会の人々にあてはまるものであるようにみえるかもしれません。しかし、資料を調べていくとそれらのあり方は社会によって、あるいは同じ社会においても階層などの違いによって異なるというのです。では、そのような「情感と制御の構造」はいかにして変化し、「近代の人間像」が自明視されるような状況に至ったのでしょうか。エリアスはこのような問いを検証すべく、多くの歴史的資料を「文明化」という観点から読み解いていきます。

エリアスが具体的な議論の出発点にするのは、世界史などの授業でも『(痴)愚神礼賛』の著者として出てくるデジデリウス・エラスムスが一五三〇年に刊行した『少年礼儀作法論』という作法書です。この本は身分の高い少年のために書かれたもので、当時非常によく読まれたものであったようですが、その内容は現代に生きる私たちからするとかなり衝撃的なものです。

たとえば、鼻をかむときに手を使ってかむのは行儀が悪く、できれば布を使った方がよい。もし指でかんだとき、鼻水が地面に落ちたら、すぐに足で踏み消すのが望ましい。つばを吐くときも、誰かにかからないようにして、吐いたあとは足ですぐに踏み消すこと。また食事の際は、当時はナイフやスプーンは共用であることが多かったのですが、スプーンで液状のものを味わったあとはちゃんとぬぐって返すことが望ましい（つまり、口に入れたあとそのまま戻す人がいたということでしょう）。料理も大皿が出てきて、トレンチャーなどと呼ばれるパン切れの上に料理をとって手づかみで食べていたようなのですが、脂で汚れた手をなめたり、服で拭いたりしてはいけないとか、その手を大皿に突っ込んではいけないとか、そういったことが書かれています。

こうした「礼儀作法」をみて、読者の皆さんはどう思われたでしょうか。ちょっと気持ち悪くなった人もいるのではないかと思います。もう少しいえば、望ましいとされている水準が今と比べるとかなり低いこと、もしくはそもそも鼻を指でかんだり、つばをそこらへんに吐いたり、ナイフやスプーンが共用だったり、手づかみで食べるのが基本だったり、といった前提が今日と違っていることに当惑したのではないでしょうか。エリアスは、『少年礼儀作法論』の記述に何かしらの不快感をもったとしたら、それは「文明化されていない」「野蛮な」感覚に対する不快感だと述べています。ですが、エラスムスの時代においてそれらはむしろ洗練されたふるまいであったわけです。このような感覚のギャップはどのようにして埋まっていったのでしょうか。

とはいえ、エラスムスの著作はそれ以前の作法書と比べると、礼儀作法そのものとしてはほぼ同様であるものの、ふるまいに対する「心理的」な観察眼がみられるようになっているとエリアスは指摘します。あるふるまいや外見は無作法だからダメだと述べられるだけでなく、それはあたかも泥棒のように、罪人のように、豚のように思われるから望ましくないとするものの見方がこの頃からみられるようになるというのです。このことはそれ以前に比べて、自他の内面を観察し、推し量る感受性が強まっていく萌芽《ほうが》を示しているとされます。

礼儀作法そのものについては、エラスムスを挟んで数百年というかなり長いスパンで変化していきます。食事用具はやがて個々人に供されるようになり、さらに料理ごとに皿やナイフ・フォーク・スプーンが取り替えられるようになっていきます。そうなると、手づかみで食べることは「野蛮な」こととして避けられるようになっていきますし、ナイフ等を使うのが当たり前になると今度はその「正しい」使い方が洗練されていくようになります。また、大皿料理の時代はホストが肉の塊（もしくは生き物の丸焼き）を切り分けることが男性のたしなみとして重要視されていたのですが、肉の塊・丸焼きという「殺された動物」を思わずにはいられない「野蛮な」状況そのものがやがて避けられ、すべて取り分け済みの料理が出てくることが望まれるようになります。つばを吐くことについても、やたらと吐かないように、ハンカチのなかに吐くように、人前では絶対に吐かないように、というように水準が変化していきます。長い時間をかけてこのように礼儀作法の水準が変化し、「野蛮な」ふるまいを不快だと感じるように、より「文明化」されたマナーを身につけていない（と思われる）ことに羞恥心を覚えるように、情感の構造が変化していったとエリアスは述べます。

エリアスのすごいところは、このように自他の内面への感受性が高まり、礼儀作法の水準が長い時間をかけて上がっていったことを、より巨視的な社会変動と結びつけて論じている点です。このような礼儀作法が変化し始める以前、つまり中世ヨーロッパの封建社会においては権力が分散し、当時の上流階層であった騎士（封建領主）は領地をめぐる戦いとその準備に明け暮れていました。このような状況では、肉体的暴力にいつ襲われるか分からず、自分たちを守るためには肉体的暴力を自ら行使しなければなりません。殺すか殺されるかという状況を生き抜くためには、自らの内面を省みたり、感情を抑制したり、相手を慮《おもんぱか》ったりすることはむしろ邪魔になる、というより自らの命の危険をもたらしかねません。このとき必要とされていたのは、相手を殺すことができるほどの激情でした。また、このような状況では長期的な生活の安定は望めないため、当時の人々は戦いの場でなかったとしても、その場その場で後先を考えずに刹那的な激情——極端に喜んだと思ったらちょっとしたことで激高し、思う存分快楽をむさぼったかと思えば急に深く懺悔《ざんげ》し始めるような——に身を委ねて生きていくのが常だったとみられています（このあたりは、感情史のルーツの一人でもあるオランダの歴史家ヨハン・ホイジンガ『中世の秋』（一九一九＝二〇〇一）にも詳しく書かれていま す）。また、各封建領主の生活は領内の農民（農奴）によっておおむね自足することができたので、領地の外の人々とそれほど関係をもたずに生きていくことができました。

やがて戦いのなかで集権的な勢力が現れ、最終的に絶対王政と呼ばれるような中央集権的国家が形成され安定に至ると、暴力の発動は国家が司《つかさど》るものとなり、国家の領内では基本的に戦いが起こらなくなります。暴力的襲撃に悩まされない状態においては自らが暴力的である必要もなくなり、上流階層の生活の中心、自らの栄達の場は戦場ではなく、王や自分より身分の高い人々のめでたき覚えを奪い合う宮廷へと移行することになります。多くの人々が行き交うこの宮廷で過ごすということは、かつてなくさまざまな人々との相互的な関係性のなかに身を置くことになり、またそうした人々からの評判が自らの浮沈を左右することにもなりました。かつての戦場において、自分たちの身を守るために必要とされた激情は宮廷においては人々に不快感を与えて関係性を損なう「野蛮な」ものとして蔑まれるようになり、逆に自他の内面をよく観察し、推し量りながら自らの感情をよく制御し、慎みと細やかな配慮をもってふるまい続けることが宮廷社会を渡り歩くためには重要になっていきます。

やがてこのような自己制御は誰に言われるでもなく自然に取り組まれるものになり、宮廷社会に新たに加わろうとする市民階層がそれをとりいれようとし、それに対する上流階層のさらなる卓越化として制御が高度化（礼儀作法でいうと細分化や対象拡大）していくプロセスのなかで、制御水準が広く上昇していくようになります。こうした上昇には、絶対主義国家の登場に加え、商業経済の発展に伴う社会的分業の進展（自足的な生活から、さまざまな人々と相互依存しなければならない状態への変化）もまた関係していたと考えられています。

礼儀作法に伴われる感受性や情感制御のあり方といったごく個人的に思われることがらが、実は人々がそのなかに編み込まれている社会構造と分かちがたく結びついている、というエリアスの指摘はとてもダイナミックで面白いものです。ただ、その巨視的な観点ゆえに、中世以前の人々にも情感制御はエリアスが指摘している以上にみられたとか、「文明化」というテーゼは大きすぎてもっと細かくみていく必要があるといった批判もあります。しかし、第2章や第3章でみたような自己と社会の関係性をそもそも条件づけているものが何なのかを考えさせてくれるような、他に替えがたい独創的な観点をエリアスが示していることは間違いありません。そのことは、エリアスが感情史のルーツとしてほぼ必ず言及され、また実際にそれを踏まえた感情史の研究が多く生まれていることからも明らかであるように思います（社会学では他にも、前章で紹介したホックシールドが言及されることもあります）。

イーフー・トゥアン――「個人空間」と私的感覚の誕生

「近代の人間像」の形成について、エリアスとはまた異なる観点から分析を行ったのが地理学者のイーフー・トゥアンです。彼は『個人空間の誕生――食卓・家屋・劇場・世界』（一九八二＝二〇一八）において、人間が「自己とは何か？　私とは誰なのか？」といった疑問を抱くことができるようになるには、集団から心理的に距離を置く能力が、そしてそれが物理的に可能になる空間の「分節化」が必要だと述べています。この本の原題は『分節化された世界と自己（Segmented Worlds and Self）』なのですが、そのような分節化された空間が、個々人に「プライバシー」をもたらし、一人で「内省」を行い、「個性」を重要なものだと感じる西洋近代の自己意識のあり方を形成したというのです。

トゥアンはこのことを考えていくにあたって、具体的には三つの事例をとりあげています。その一つめは、エリアスがとりあげた（というか、エリアスを部分的に参照しながらの）料理とテーブルマナーの洗練なのでこれについては省略します。二つめは、家屋の分節化です。一三〜一四世紀頃の中世ヨーロッパでは、最も大きな家屋（城）を有していた領主層であっても、その空間の分節化はあまり進んでいなかったとトゥアンは指摘します。城の中心となるのは広間で、そこは出入り自由の公的な場所としてさまざまな人々が集まり、話をしたり、食事をしたり、歓待や施しを受けたりしていたようです。城の所有者たる領主層は必ずしもこのような雑然とした広間を好んでいたわけではなかったようですが、彼らは自らが威厳をもち、どのような者でも受《う》け容《い》れる寛大な支配者であることを公的な場所で人々にパフォーマンスし続けねばなりませんでした。騒がしい広間から退出して階上の個室や寝室に引き下がろうとすることは、「無礼」で「けち」な小心者のふるまいとみなされ、支配者としての名誉と権威を傷つけることになりかねなかったのです（このあたりはジョセフ・ギースらの『中世ヨーロッパの城の生活』（一九七七＝二〇〇五）なども参照）。とはいえ、当時においてよりプライベートな空間をもつことができたのは支配者層のみでした。領民や都市の住人の多くは私的といえるような空間をもつことはできず、一つの部屋（もしくは一間しかない家屋）に何人も詰め込まれるかたちで暮らしていたのです。

また、よりプライベートな空間をもっていたとしても、それが今日考えられるようなプライバシーを提供してくれるわけではありませんでした。現代においては、家屋そのものが家族だけのプライベートな空間になっており、なかでも寝室はより個人（ないしは夫婦）のプライバシーが確保された空間だといえます。しかしトゥアンが示す一三～一七世紀までのいくつかの資料によると、領主層の寝室に従者・侍女・召使・乳母などが寝泊まりしていることはかなり多くあったようです（寝室に入れない従者らは広間・台所・貯蔵室・穀倉・馬小屋などで雑魚寝していたようです）。また、廊下がなく部屋が連なっているような当時の間取りでは、部屋を行き来するために既に何人かが眠りについている部屋を通り抜ける必要が日々生じていました。これらから、当時において個人のプライバシーの確保はとても難しかった、というよりプライバシーをめぐる感覚が今とまったく異なっており、そもそもそれが必要とされていなかった（思い及びもされなかった）可能性があるといえます。

しかしこれらが一〇〇年、二〇〇年というスパンで徐々に変化し、少なくとも支配者層は広間から撤退して階上の「グレート・チェンバー」と呼ばれる部屋で食事をとるようになっていきます。とはいえ、ここも同じような階層の人々に公的に開かれた空間だったようで、ダンスやカードゲーム、芝居の上映などがなされ、またそこに客人が寝泊まりすることもあったため、落ち着いて安らぎを得るには十分ではありませんでした。そこでその奥に「ウィズドローイング・チェンバー」というまさに撤退し引きこもるための部屋が、さらにその奥に寝室やクロゼットが設けられるというかたちで、奥に行けば行くほどプライバシーが高まるような空間の分節化が進行します。一六〜一八世紀にかけて邸宅内には家族の肖像、自らを映す壁掛けの鏡、勉強と内省のための静かな場所である図書室などがそれぞれ設けられるようになり、家屋の内部に自意識を高め、プライバシーを確保する仕掛けが増えていきます。

また、一六世紀頃には従者たちのために地下室や屋根裏部屋がつくられるように、一八世紀頃には邸宅に翼棟を設けて必要なときにそこから従者たちをベルで呼ぶようになって邸宅本体からの分節化がそれぞれ進行し、少なくとも主人たちの側からすれば対人的なプライバシーがより確保されるようになっていきます。

こうした諸変化に沿うように、読み書きのできる人は「私」という文章表現を頻繁に用いるようになり、また文学上でも「自己愛」「自己認識」「良心」「憂鬱」「当惑」といった自意識を表す言葉が多様に用いられるようになっていったとトゥアンは指摘します。彼はヨーロッパのなかでも地域によって家屋のあり方は幾分異なっていたと述べているものの、大きくはここまで述べてきたような空間上の分節化が徐々に進行するなかで、一人になって自分自身に向き合うことが促進されて、内省的で、それぞれに個性があると考えるような近代の自己意識のあり方が（まずは上流階層を中心に）形づくられていったとしています。

トゥアンが三つめに論じているのは劇場の構造変化と人々の自己意識の関係です。ギリシャ時代以来、演劇が行われる空間は大きくいって「公共の広場」という性格が強くありました。円形の舞台を取り囲む観客と役者の距離は近く、もしくは境界がはっきりしておらず、観客は声をかけて演劇に参加し、皆で集合的な興奮を味わうのが伝統的な劇場のあり方だったとトゥアンは述べます。しかし一六世紀以降、以下のようなさまざまな変化が起こり、演劇空間は「私的な経験」の場所へと変容していったといいます。細長い劇場が現れて、演劇は観客が「参加する」よりも「眺める」ものに変化し始めたこと。プロセニアム・アーチ（舞台を縁取る額縁上の構造物）の導入によって、観客と舞台がはっきり区切られてやはり額縁のなかの絵を眺めるように演劇観が変容したこと。ウィリアム・シェイクスピアの登場によって詳細な人物・背景が設定されるようになり、観客・役者双方において人物像の掘り下げが進んだこと。ライムライト（スポットライト）の発明によって舞台上の演出水準が向上したこと。ガス燈《とう》の発明によって舞台に十分な照明があたるようになることで、役者の表現がより細やかになったこと（十分な照明はその一方で観客と舞台を明るさによってさらに切り分けたこと）。

こうした変化を経て、観客は暗い席にそれぞれ黙って座り、詳細な人物・背景の設定と演出が考え抜かれた（また、年々人間の内面に焦点をあてるようになっていく）演目と、役者の熱心な演技とを個人的・内省的な経験として鑑賞するようになったとトゥアンは指摘します。家屋と同様に、劇場の空間構成の変化もまた、近代的な自己意識のあり方が歴史的に形成されたことを考えさせてくれます。

2　ミシェル・フーコー――言説・テクノロジー・主体化

感情史へのエリアスの影響については述べたとおりですが、より広範な影響力をもって、さまざまな観点から、また根本的に「自己」という存在が社会的に形づくられていることを考えさせてくれるのがフランスの思想家ミシェル・フーコーの知見です。とはいえ、彼が残した著作物の量は膨大で、単行本だけでも一〇冊を超え、それ以外にも思考集成やら講義集成やらが二〇冊以上あり、その論点も非常に多岐にわたっています。そのため、ここでは本書の関心にしたがって「自己」という論点にひきつけてその知見を整理していきたいと思います。

このような整理をしようとするのは根拠のない試みではなく、フーコー自身が、以下で述べていく三つの探究の軸が出揃《でそろ》った晩年になって、その焦点が「自己」や「主体」にあったということを複数の著述で述べていることによります。ただ、その探究は「自己」とは何なのか、「主体」とは何なのか、というようなそれらの本質や内実を考えていこうとするものではありません。そうではなく、「自己」や「主体」はどのようにして他でもなく現在のようなかたちで在るようになったのか、少し言葉を足せばどのような歴史的系譜をたどって現在のようになったのか、ということを考えていこうとするものです。膨大な資料を読み解くことを通して、私たちがどのように形づくられているのかを考え、また私たちの現在のあり方が必ずしも絶対的・本質的なものではないことを明らかにしていくそのアプローチは「歴史的存在論」と表現されることもあります。具体的にそのアプローチは晩年に彼自身によって、またフーコー研究者の多くによって、三つの軸からなるとしばしば整理されています。表現の仕方はいくつかあるのですが、ここではそれらを「知」「権力」「自己」として、順にみていくことにします。

「知」の軸——言説分析という方法

フーコーは一九五〇年代から著述活動を行っていますが、世界的な影響を今日にまで及ぼし続けている、彼らしい研究の始まりといえるのは『狂気の歴史――古典主義時代における』（一九六一＝一九七五）以降だというべきでしょう。ただ、この本は「狂気」とは何なのか、その本質や内実を考えていこうとするものではありません。そうではなく、同書では「狂者」が社会的に囲い込まれ（逆にいえば社会一般から排除され）、医学のまなざしが注ぎ込まれて科学的な把握の対象となり、また道徳上・能力上の欠陥を抱えた治療されるべき対象として狂者を捉えるようになっていくというように「狂気をめぐる経験」が歴史的に変化していくなかで、狂気が「精神の病」として位置づけられるようになっていったことが論じられています。このような変化に伴って、社会から切り離されて研究・治療対象となった「非理性」としての狂気を陰画として「理性的」な存在としての「人間」を規定することと、そのような狂気を研究・治療する専門分野としての心理学・精神医学の成立がそれぞれ可能になったのだとも述べられています。

これに続く『臨床医学の誕生』（一九六三＝一九六九）でも、身体の表面のみを観察していた医学のまなざしが、身体の深層に埋もれている「不可視なもの」を暴き出そうとするものへと変容することで、実証的医学の出現が可能になったのだと論じられています。『狂気の歴史』と『臨床医学の誕生』に共通するのは、人々の認識や経験のあり方を総体的に規定する「知の枠組み《エピステーメー》」が、個々人に先立って存在する構造のようなものとしてあるという見立てです。可能な限りの関連資料を集め、分析していくことを通してこのような知の枠組みを掘り起こす試みをフーコーは「考古学」と表現しました（遺跡などの発掘に携わる「考古学」とはもちろん違います）。この立場からすると、心理学等の「人間」を扱う諸学問は、こうした知の枠組みがあってこそ、もしくはそれが歴史的に変容することで初めて、社会に現れ出ることができたのだということになります。

なぜこのような、ひねくれた見方ともいえる二冊を書いたのでしょうか。これは、当時のフランスの思想状況に関係しているといわれています。このあたりを詳しく書くととても長くなるので、興味のある方はフーコーの著作や各種解説書をご覧いただきたいのですが、ごく簡単にいうと「人間」の可能性を至上のものとして考えるような（一般的にも影響力があった）当時の思想状況に対して、「人間」の認識や経験のあり方は各時代における知の枠組みによって規定されており、それは時代を追って順に進歩・発展していったというような単純な話でもないのだ、という批判を提出しようとしたのだといえます。この批判的見方を、より包括的に展開したのが次著『言葉と物――人文科学の考古学』（一九六六＝一九七四）です。『言葉と物』は本当に難しい本なのですが、要点をかいつまむと、今述べた「人間」の可能性を至上のものとするような知の枠組みは、世界のあらゆるものごとを「類似」のまなざしから関係づける一六世紀まで、すべてを「表象」のもとに秩序づける古典主義時代（一七〜一八世紀）という変転をたどった末に、一八世紀末に「人間」を歴史のなかに位置づけられた有限なものとみなす知の枠組みが現れ出てきたことに由来していることを明らかにした本だとひとまずいえるでしょう。つまり、二〇世紀の思想状況はそうした知の枠組みによって規定されているにすぎず、それはやがて消え去っていくことになるだろうとして、同時代的な「人間」の捉え方が絶対的・本質的なものではないことを暴き出したのです。

一九六〇年代のフーコーの関心はこのように「知」のあり方にあるといえるのですが、ここまでの著作についての理論・方法論的な整合性をより発展的なかたちで与えようとした次著『知の考古学』（一九六九＝二〇一二）が、「知」をめぐる各学問分野での研究に非常に大きな影響をもたらしたといえます。その影響は、ひとことでいうと「言説」の分析というアプローチの提案にあります。ごく簡潔にいうならば言説分析というのは、「語られたこと」そのものの水準に注目しようということです。これも当時のフランスの思想状況および思想史・歴史学に対する批判が意図されているもので、「語られたこと」の背後にそれを司る何かを読み込もうとする（それによって「語られたこと」をその外部から説明しようとする）のではなく、「語られたこと」それ自体にある種の自律性・秩序・規則・重みがあるとみなし、「語られたこと」の水準に留《とど》まってそれらを考え抜いていこうとするのが言説分析というアプローチだといえます。『言葉と物』までで検討されていた「知の枠組み」は、『知の考古学』においてはこのような、より動態的で関係論的な「語られたこと」の秩序・規則におおむね置き換えられたといえると思います。

といってもなかなか分かりづらいかと思うので、その要点について、筆者が以前分析したことのある「少年犯罪の語られ方」を例にしながらできる限りかみ砕いてみようと思います。フーコーは、あることがらに関する一つ一つの意味ある語りを「言表」と表現しましたが、それらを眺めていくと、色々な語りがありえるはずなのにかなり限られた語りばかりが偏って観察でき、誰もが似たようなことを言っているようにみえることがそれなりにあります。「言説」とは、そうした偏りや、それぞれの語りの相互の位置関係（散らばり・結びつき）を内包した、あることがらをめぐる語りの総体を指すものだと考えてもらうのがいいでしょう。フーコーは言説を説明するにあたって、それを「空間」のようなものとして表現することがあるのですが、そのような空間的イメージで捉えてもらうと分かりやすくなるかもしれません。

これに関して、あるとき観察されていた偏った語りがいつのまにか姿を消し、別のある種の語りばかりが、他を排除するような勢力をもつほどに多くみられるようになることもあります。ここで少年犯罪を例にすると、戦後から一九六〇年代頃までは「社会の歪《ゆが》み」や「差別」が少年を非行に走らせているのだと新聞や雑誌で一様に語られていたのが、七〇年代以降になるとそうした語りがほぼみられなくなって「学校」や「家庭」でのストレスが原因だと専ら語られるようになり、九〇年代後半から今日に至るまでは少年の異常な内面＝「心の闇」が原因だと多く語られるようになる、といった偏った語りの傾向がそれぞれ観察される、というようなことです（牧野 二〇〇六、二〇二五）。

このようにして、あることがらをめぐる語りの総体＝「言説」における偏り・散らばり・結びつきのあり方が変わっていくと、そのことがらをめぐるイメージや人々の向き合い方もまた変わっていくことになります。少年犯罪についても、その語りの総体的なあり方が変わっていったことで、一般的なイメージや対策のあり方にも変化が生じていったといえます。

では、こうした語りの変化はなぜ、どのようにして起こったと考えるべきでしょうか。

それを特定の誰かや集団、出来事だったり、当時の社会的背景や「イデオロギー」から説明するスタンスもありえます。しかし、あることがらについて言い表されたことの一つ一つ

（言表）のあり方、言い表されたことの総体（言説）を眺めていくと、どうもそこには独特の秩序――「生態系」や「磁場」といったイメージで捉えてもらうと分かりやすくなるかもしれません――があって、誰かの意図通りにそれが形成されたといえるほど秩序は単純ではなく、何らかの社会的背景などによってもそうした秩序の詳細を説明しきれそうにない、つまり「語られたこと」そのものではない（「非言説」的）要因に事態を単純に還元できない、ということは多く例が挙げられるように思われます。

再び少年犯罪を例にすると、二〇〇〇年代にある少年事件が起きた際、その直後に刊行された週刊誌の記事に「加害少年の心の闇は深い」というような文言が掲載されていました。このような事例は当時の他の事件においても、各新聞・雑誌でしばしばみられるものでした。事件の取材がまだ十分に行われていないにもかかわらず、「心の闇」の問題として事件を語ろうとする、他のようにも事件を語ることができるかもしれないのにそう語らずにはいられない、独特な語りの秩序のようなものが先立って存在することをここから推察することができます。逆に、一九九〇年代中頃よりも前に、加害少年の内面に原因があるとしてそれを掘り下げようとする報道はまったくないわけではないものの、優勢な語りというほどには多くみられません。端的な例を挙げると、一九五〇年代に一家七人を殺害したという少年事件が起きているのですが、この事件における加害少年の内面が掘り下げられることはなく「精神病者の発作的なものではないか」とされて、報道は一回きりで終わっていました。今日同様の事件が起きたとしたら、その内面（「心の闇」）が微細に、執拗《しつよう》に掘り下げて報じられ、何らかの対策が検討されるようになるはずです。しかし当時は逆に、少年事件を専ら「社会の歪み」や「差別」などに結びつけて（結びつけられる限りで）盛んに語ろうとする、そう語らずにはいられない語りの秩序をみてとることができるのです。

こうした語り方の変化を、たとえば当時の社会的背景や、社会の心理主義化といった観点から説明できる部分もあるとは思いますが、加害少年・家庭・学校などをそれぞれどのような視点からどう語り、動機をどう解釈するのかといった細かい語り口までもが各事件の報道において似通っていることを説明するには、大きな観点を持ち出すだけで十分とはいえません。こうした語り口は、それ以前の少年事件（やそれ以外の出来事）をめぐって語られたことが再利用されたり転用されたりしながら積み重なるなかで、それ独自の秩序を形づくっていった側面が大きいように思われるのです（牧野二〇二五）。

フーコーは「語られたこと」という独自の水準は、私たちの実体験における各種の出来事が一つ一つ固有の重みをもっているのと同様に、固有の出来事ないしは事実としての重みをもっているとして「言説的出来事」「言説的事実」という言葉をしばしば用いていました。言説分析の説明は一筋縄ではいかないのですが、このように「語られたこと」を他に還元しようとするのではなく、それ固有の秩序と出来事性に注目し、積み重ねられた「言説的出来事」の分析を通して「語られたこと」の秩序、つまりその偏り、散らばりや結びつきのあり方を明らかにしていこうとするのが言説分析だとひとまず考えてよいと筆者は思っています。

あることがらをめぐって「語られたこと」の総体は、その社会における人々の想像や表現の範囲がどこまで、またどのように広がっていたのかを示しているといえます。だとすると、同時代的な「語られたこと」の秩序の外に出て私たちはものごとを認識・経験することができないということになるので、この言説分析というアプローチは、その秩序を分析することで私たちがある対象について認識・経験するあり方を浮き彫りにして、私たちの成り立ちを明らかにしようとするものだともいえます。

この観点からすると「自己」のあり方は、特定のあり方が多く語られて一定の勢いをもち、それがいつしか語られなくなって忘れ去られ、そうした秩序の変容のなかで優勢となるイメージや人々の向き合い方が変わっていくというように、言説のもとでその可能性が縁取られ意味づけられるものとして捉えられることになります。つまりそれぞれの社会における「自己」の可能なあり方、および優勢なあり方は、言説の効果として生まれるということです。

　このことに関連していえば、ある言説において中心的とみなせそうな人物がいたとしても、それをその個人の独創性として考えるのではなく、そのような人物が独創的とみなされ、中心的な位置取り（主体位置）をとることができるような言説の秩序のあり方について考えようとするのが言説分析のスタンスだといえるかなと思います。

　後述するように、筆者はこのような観点から現代日本における「自己」のあり方に照準を合わせて言説の分析を行ったわけですが、このアプローチではもう少し広く、「自己」の構成にかかわるさまざまなことがらを分析していくこともできます。たとえば前節で紹介した各種の感情もそうですし、「自己」に内在的に備わると一般的にみられている各種の性質や能力、各種の「人間」をめぐるカテゴリーなども分析の対象になる、というより実際にそうした分析が行われてきました。具体的な分析対象はさまざまですが、このアプローチを通じて、私たちの現在のあり方がいかに縁取られ意味づけられているのかを考えていくことができるのです。

　言説の分析をめぐっては、世界的に、学問領域をまたいでさまざまな応用的研究がなされ、またその方法をめぐって論争もさまざまになされています（日本では佐藤・友枝 二〇〇六を参照)。何をどこまで調べていくべきなのか、「言説」と「非言説」の関係を結局どう考えればよいのか、言説の「外」に出て認識・経験することができない私たちがどのように同時代的な言説を対象化して分析できるのか、そもそもフーコーが述べるような言説分析を実際に遂行することは可能なのか、等々。これらのうち、フーコーをよく読んでいけばある程度解決できるものもあるのですが、読んでも解決しきれず実際に資料を分析しながらその都度落としどころをみつけていくしかないようなものもあります。

言説分析については、フーコー自身が本書で紹介したこと以外にもさまざまなことを論じており、また今日における多様な応用的研究があるなかで、これが正しい言説分析だという合意はおそらく形成できないのだろうと思われます。ただ、「語られたこと」という固有の水準にまずもって注目するという一点については共有されているはず(そうであってほしい)です。そこから何かがいえるまでに言説の分析を実行するのはなかなか簡単なことではないと個人的な経験からは思うのですが、それでも、私たち、あるいはかつての人々が知らず知らずのうちに収まっている認識・経験の秩序を腑分《ふわ》けし、自らがどのように構成されているのかを明らかにしていくことは、他のアプローチにはない魅力と面白さがあると思っています(牧野 二〇一九も参照)。

「権力」の軸──テクノロジーが生み出す「主体」

一九七〇年代に入るとフーコーは「権力」の問題に強い関心を抱くようになります。とはいっても、フーコーが考えようとした「権力」は、その言葉から一般的に考えられるような「権力者」が占有し、上から振るい、自らの意志を押しつけて人々を抑圧するようなものではありません。それはむしろ、上からというよりは下から、つまり私たち一人一人が日常生活を送るさまざまな場面において、誰かがそれを司っているということもなくいつのまにか行使され、その微細な働きの効果として私たちを特定のあり方で意識し、考え、感じ、ふるまい、語る存在として、つまりある種の「主体」として生み出すような権力だといえます。

アプローチとしても、この時期のフーコーは新たに「系譜学」を提唱するようになっています。この系譜学においても、相対的に自律した固有の秩序と出来事性を有している言説への注目は保持されているものの、より包括的に、建築物のようなモノ、教育・訓練・矯正などに関する各種の規則や技法、法律などさまざまなことがらが分析の対象に含まれるようになりました。フーコーは、実際に行使されるなかで特定の「主体」を構成するものとしての権力を分析するにあたっては、今述べたような各種のことがらがそれぞれどのように人々に働きかけているのかというその技術ないしは技術論（テクノロジー）と、それらが相互に織りなす異種混交的な関係性（ネットワークないしはエコノミー）の成り立ちに注目する必要があると考えていました。そういうわけで、系譜学というのは私たちを特定のかたちで「主体化」するよう働きかけてくるテクノロジーやそれをめぐる関係性が、歴史的なプロセスのなかでいかにして形成されたのかを明らかにしていくことで、現在の私たちのあり方を逆照射するアプローチだといえます。

その成果が『監獄の誕生――監視と処罰』（一九七五＝一九七七）だといえます。この本では、主体化にかかわるテクノロジーのあり方がまさに考察されており、それを端的に図解するものとして「パノプティコン（一望監視装置）」という建築モデルが紹介されています。以下では、このパノプティコンに最終的に話が行きつくように同書の概要を説明したいと思います。

この本のタイトル、つまり「監獄の誕生」とは一体何を示しているのでしょうか。私たちが暮らしている現代では各国において、重罪の場合は専ら収監されることになっています。ですが、拘禁施設自体はもっと昔からあるものです。この本のタイトルが意味しているのは、近代的な監獄の誕生、もう少しいえば近代的な監獄がその一部となっている主体化をめぐる独特なテクノロジーとそれをめぐる関係性がいかにして形をなしていったのかを考察する、ということです。

近代以前のヨーロッパにおいて、犯罪に対する刑罰において身体刑の占める部分はとても大きなものでした。そして鞭打《むちう》ち、烙印《らくいん》、ときに拷問を伴う絞首刑といった身体刑は華々しく公開されるものでした。人々はそれを見世物として見物にも来ていました。身体刑を見世物として楽しむ感覚がそもそも信じられないかもしれませんが、何よりもまず、なぜ身体刑は公開される必要があったのでしょうか。それは当時の権力についての考え方が「君主」を中心にしたものだったためだとフーコーは述べます。この考え方にもとづくと、社会の秩序を侵す行為としての犯罪は、当時の社会の支配者、つまり君主の威信に傷をつける行為だということになります。身体刑、特に多大な苦痛を伴う残虐な刑罰の公開は、犯罪者の生死を誰が司っているのかを観衆にみせつけ、君主の威信を人々の意識に思い起こさせる儀式的な効果を期待されていたのです。

しかしやがて身体刑は自由刑、つまり懲役・禁錮・拘留などの身体を拘束する、また人々に見えないところで執行される刑罰に取って代わられるようになります。これを近代化に伴う人権意識の高まりと捉えることもできますが、フーコーはこの移行を、それに先立つ古典主義時代（一七〜一八世紀）から徐々に進行した、権力観の根本的変容の帰結として捉えます。

君主モデルの権力観を過去のものとした、その新しい考え方ないしは技術論が「規律訓練的権力」と呼ばれるものです。

この規律訓練的権力をごく簡単に説明すると、犯罪者の命を奪って社会から取り除くのではなく、特定の空間に囲い込み、（ここが以前からの拘禁施設と違うところなのですが）行動を集団的に統制してそこでの規律を各人の身体に刻み込み、社会的に有用で生産的な人間になるよう教育・訓練・矯正するような働きかけのあり方だといえます。もう少し具体的にいえば、教育・訓練・矯正といった特定の目的のために設けられた施設や空間に多くの人々を集め、そのなかの特定の序列上の位置に人々を個別に配分し、人々同士のコミュニケーションを限定・遮断などして管理し、そこでの活動が規律にかなった有用なものであるかどうかがつねに監視・検査・記録される、というような人々の身体への働きかけのあり方が登場したのです。こうした働きかけは多くの場合、何らかの専門的知識にもとづいて行われ、また各種検査の結果も基本的に人々をめぐる知識として蓄積されて次なる働きかけに応用されるので、人々に働きかける「権力」のテクノロジーは人々をめぐる「知」と循環的な関係をとることになります（このことは「権力＝知」という言葉で表されています）。

このような規律訓練の仕組みは近代的な監獄、つまり刑務所にまずあてはまるものですが、学校・工場・病院・軍隊（兵舎や野営地）といった、近代化に伴うかたちで社会に広がっていったさまざまな施設・空間にもそれぞれあてはまるものだといえます。学校を例にしてみると、学齢期の子どもたちが例外なくどこかの学校に集められ、それぞれ決まった学年・クラス・席へと個別に配分され、授業中に友だちとおしゃべりすることは基本的によくないこととされ（決まったときのみ決まった内容をしゃべってよいとされ）、学校が定める規則を守れているかがつねに監視・指導の対象になり、授業内容をちゃんと理解できたかが各種のテストによってつねに検査・記録される、というようにとてもよくあてはめることができます。校長やクラス担任に誰がなろうと、こうした根本的な仕組みは変わることなく作動し続けるものです。私たちにとってはもはや当たり前のようにみえるものかもしれませんが、近代以前にはこうした規律訓練の仕組みにあてはまるような施設・空間をみつけることはほとんどできません。

こうした規律訓練の微細な働きかけを通して、どのような「主体」が構成されることになるのでしょうか。ここで上述したパノプティコンをとりあげてみたいと思います（図2）。これはイギリスの哲学者であるジェレミー・ベンサムが一八世紀末に構想した刑務所の設計モデルなのですが、とても独特な構造をもっています。パノプティコンは全体としては円形

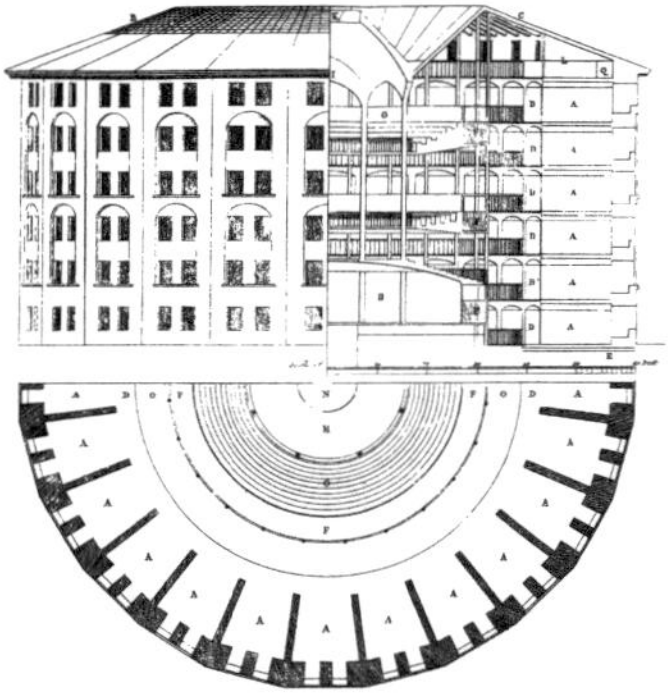

図2　ベンサムのパノプティコン。ミシェル・フーコー『監獄の誕生』より

で、収容者の独房が中心部に面するようなかたちで円周部にずらっと配置されています。中心部には塔が設置され、看守はここから収容者の独房を眺めることができます。しかし、施設全体の光の加減、中央塔の小さな覗《のぞ》き窓やブラインドなどのせいで、収容者からは看守の姿が見えません。ですから収容者にしてみれば、看守がこちらを見ているのかを確かめようがないけれど、もしかして見られているかもしれない、と思うような状態になります。このような状態につねに置くことで、何らかの道徳心が欠如したとされて収監に至った人々であっても、実際に誰かに見られておらずとも「いつ見られているか分からない」という気持ちで自らの行動を制御できるようになる、つまり規律を自らの内に備えるようになるだろう、というのがこのパノプティコンの仕組

みです。こうして内なる目が備わるとき、看守はもはや必要なくなり、権力のテクノロジーは個々人に組み込まれて自動化することになります。

パノプティコンに最もよく示されている、規律訓練の働きかけを通して構成される「主体(subject)」のありようは、このような意味で「主体化＝従属化」と日本語では表現されることが多いです。つまり、施設・空間の規律に服するという意味では従属《サブジェクト》しているといえるのですが、そうした規律を自らに内面化し、我が物としてふるまっていくことができるという意味では「主体《サブジェクト》」にもなりえているわけです。規律訓練的権力の効果として、人々は自分自身を自ら律していくようになるだけでなく、権力の中継点に自らなり、他の人が規律に従順であることを要請するようにもなっていきます。

このような仕組みは、パノプティコンが直接的に関係する近代的な監獄（刑務所）のみならず、上述した学校・工場・病院・軍隊などにもそれぞれあてはまるもので、近代的な施設・空間はそれぞれに規律の内面化・自動化、つまり「主体化＝従属化」を行いながらその運営をとり進めているとみることができます。近代以降の社会を生きる人々は、こうした施設・空間をまったく経由せずに生きていくことはほぼできないでしょう。『監獄の誕生』はこのようにして、近代社会の根底で作動している権力テクノロジーの分析というかつてない考察の経路によって、集団的な規律をいつしか内面化し、生産的なパフォーマンスを求める社会に気づくと適応している私たちの成り立ちを暴き出したのでした。

続く『性の歴史Ⅰ　知への意志』（一九七六＝一九八六）では、フーコーの権力モデルはさらに包括的なものになっていきます。ここでは一七世紀以降に姿を現した規律訓練的権力が「解剖政治」として位置づけられ、それに加えて一八世紀半ば以降に登場した、人々を「人口」という観点から捉え、その生を集合的に管理し、生かし、増殖させていくように、家族・健康政策などを通して介入していく「生政治」という権力のあり方が示されました。「解剖政治」と「生政治」は合わせて「生権力」として位置づけ直されるようになります。

このように、一九七〇年代中頃のフーコーは、私たちを特定のかたちで主体化する権力のテクノロジーという非常に独創的な観点を示しました。規律訓練的権力や生政治といった概念もさることながら、いわば「近代的な主体」が権力のテクノロジーを通して生み出されたものである、という知見のインパクトは非常に大きく、多くの人文・社会科学の研究、またより一般的な評論・議論においてその知見が参照・応用されることになりました。本書で紹介している、おおむね八〇年代以後の諸研究も、直接的な参照の有無はともかく、何らかのかたちでフーコー権力論の影響を受けているといっておそらくよいと思います。

「自己」の軸――「自己の自己との関係」を通した主体化

フーコーは晩年、研究対象とする時代の遡行をそれまでの古典主義時代どころか、紀元前五～四世紀頃の古代ギリシャや紀元一～二世紀頃のローマ（いわゆる「パクスロマーナ」の時期あたり）にまで進めていくようになります。対象とする時代も、以前より一見難解ではなくなった書きぶりも、以下で述べるような問題意識もそれまでのフーコーとは大分異なっているので（読んで困惑する人もいるかもしれません）、「知」や「権力」の軸に比べると晩年の研究はこれまで注目されることが相対的に少なかったといえるのですが、その意図はおおむね次のように解釈されています。

先ほど紹介した『性の歴史Ⅰ』は具体的には、（性的）欲望を語らせ、それを解読し、生政治的に管理しようとするネットワークの現出を描き出していました。それは言いかえると、個々人の内奥にある欲望が何よりもその人の本質的な要素であるとしてそこに注目させ、語らせ、専門家がそれを読み解き介入していこうとする、「自己」をめぐる経験の特異なあり方の現出だともいえます。ではそれはいかにして現れ出ることになったのでしょうか。フーコーはその当時から、キリスト教的伝統の影響を感じ取っていました。『監獄の誕生』の紹介のところで、近代以前に規律訓練の仕組みにあてはまるような施設・空間をみつけることが「ほとんど」できないといったのは、その例外として中世の修道院があるからです。そうであれば、その影響圏から脱出して考察を行うためには、キリスト教が創始され、勢力を拡大する以前にまで系譜を遡る必要がある、ということになります。

フーコーの死の直前に刊行された『性の歴史Ⅱ　快楽の活用』（一九八四＝一九八六）と『性の歴史Ⅲ　自己への配慮』（一九八四＝一九八七）がその遡行の成果です。これらの本では、古代ギリシャおよび帝政ローマ前期の人々が「自己」をめぐるどのような経験のあり方のなかにいたのか、フーコーの言葉でいえば「自己の自己との関係」をどう取り結んでいたのかが考察されています。具体的には、古代ギリシャの哲学的思考を扱った『性の歴史Ⅱ』では、自らの欲望や快楽を統御する「生存の美学」という「自己の自己との関係」が成人男性における望ましい姿とされていたことが、また帝政ローマ前期のより広い実践を扱った『性の歴史Ⅲ』では、欲望や快楽を含めあらゆることを「自己への配慮」を損なわずに生きることができるかという視点から捉えようとする関係性が、それぞれ論じられています。つまり、ここまで遡っていくと確かに、キリスト教的伝統とは異なる「自己の自己との関係」がみられ、またそうした関係性を成し遂げるために用いる独特な技法（自己のテクノロジー）を見出《みいだ》すことができるのです。

　しかし、死後三〇年以上を経て刊行された『性の歴史Ⅳ　肉の告白』（二〇一八＝二〇二〇）では、初期キリスト教の教父、特にカッシアヌスやアウグスティヌスといった紀元四～五世紀頃の教父らによって、自らの欲望を不断に観察・解読し、指導者の助力のもとそれらを狩り出し、神の観想のために浄化・放棄していくような「欲望の解釈学」と表現される「自己の自己との関係」が現れ出てくると論じられています。この本がフーコーの遺作だと考えられるので、これ以降の探究は後代の研究者に託されたということになりますが、『性の歴史Ⅳ』で示された知見は、これがやがてキリスト教的伝統として広く根づき、それが近代における上述したような生政治的活用に転じていくのだろうと受け取ることができます。筆者個人としては、『性の歴史』のⅠからⅣを順に読んで最後までたどり着いたとき、壮大な思考の円環が長い時間をかけてようやくつながったように思え、何やら晴れやかな気分（浄化！）になった記憶があります。

　さて、このように一九八〇年代の研究を紹介したのですが、それでもその含意はいまいちよく分からないかもしれません。晩年のこうした研究の含意は、フーコーの盟友であったフランスの思想家ジル・ドゥルーズが『フーコー』（一九八六＝二〇〇七）で示した解釈がよく知られており、また影響力もあるものだと思われます。ドゥルーズは、フーコーの晩年の考察について、「知」や「権力」の効果としてそれぞれの「主体」が生み出されるという以前の研究に対して、それらの作用を個々人が自らの内部に「襞《ひだ》」をつくるように折り畳み、作用を素材としてそれぞれの「自己の自己との関係」を取り結んでいくことで、「知」や「権力」とは異なった水準での主体化がなされうることを示している、と解釈しました。

ただ、これを単純に、「知」や「権力」から独立して自由に「自己の自己との関係」を取り結べる解放的な次元があるということなのだ、と捉えるべきではないともドゥルーズは述べます（それでは、フーコーがかつて批判していた「人間」観に戻ってしまいかねません）。むしろドゥルーズは、こうした「自己」の軸はつねに「知」と「権力」の軸から派生し、また「知」と「権力」の目的となって取り込まれ、そしてまたそこから生成していくような表裏一体のものだと述べており、次節で紹介する現代の研究はそのようなダイナミズムに注目して展開されています。

そういうわけで、権力に対する自由というような話はそう簡単にできるものではありません。ですが少なくとも理論上は、フーコーの長い旅路の果てに、「知」「権力」「自己」という主体化をめぐる三つの局面が分節化されたということはいえるでしょう。おそらく、その相互の関係性をみていくことがその研究の全容がみえた今となっては重要になるのではないかと思います。こうした分節化には、一九七〇年代後半に新たに提案された「統治性」という概念が関係していて、近年世界的に注目を集めている概念なのですが、この概念について詳しく説明するとかなり長い話になってしまうので、ここではひとまず広い意味で人々の「ふるまいを導く」ことだと受け取っておいてください。詳しく知りたい方は、フーコーの思考集成・講義集成や各種解説書をご参照いただければと思います。

さて、かなり急ぎ足で、詰め込んでフーコーの知見を紹介してきました（それでもかなり長くなってしまいましたが）。言説の分析、権力のテクノロジー、「自己の自己との関係」を通した主体化、そしてこうした観点からもたらされた主体化をめぐる独創的な知見の数々。「自己」が社会的に形づくられるということに関して、フーコーは実にさまざまな手がかりをもたらしてくれました。筆者もまた、フーコーの著述の魅力に導かれて研究を続け、このような本書を書くに至ったといえると思います。とはいえ、先に述べたように本書で紹介できたことは彼が示した知見の一部にすぎないので、決して易しくはないのですが、ぜひ著作を直接読んでいただきたいです。

3　現代における主体化のテクノロジー

フーコーの知的遺産の継承

フーコーの影響を受けた研究はそれこそ無数にあるのですが、まとまった研究としては、近代化以降（日本でいえば明治維新以降）の数十年から一〇〇年程度を射程とした歴史社会学的研究の蓄積がまずは進んできたといえます。国内の社会学者による研究としては、近代日本における性欲や「オナニー」をめぐる言説の分析という内容面でのインパクトもさることながら、言説分析をとりいれた社会学的研究の公準と水準をいち早く示した赤川学《あかがわまなぶ》『セクシュアリティの歴史社会学』（一九九九）を、フーコーの知的遺産を継承した最良の成果の一つだと今でもいうことができるでしょう。

言説の分析としては、神経衰弱やノイローゼといった近代日本で流行した精神疾患についての言説がそれぞれどのように構成され、また変容していったのかを、各疾病概念の性質、学術的な医学研究の動向、当時の医療体制、法制度、その他関連する社会・政治・経済的要因などさまざまな観点から緻密に分析した佐藤雅浩《さとうまさひろ》『精神疾患言説の歴史社会学――「心の病」はなぜ流行するのか』（二〇一三）も素晴らしい成果です。近代日本においてどのような「人間」のあり方が、またどのような「人間」と「社会」との関係が想定されてきたのかということを、精神疾患という観点から逆照射するような研究だといえます。

最近では、西川純司『窓の環境史――近代日本の公衆衛生からみる住まいと自然のポリティクス』（二〇二二）によって、フーコーを参照した研究の射程がぐっと広がりました。この本で具体的に扱われているのは、人々の生活環境を改善し、その心身の健康を保持・増進しようとする公衆衛生にかかわる議論や取り組みです。その分析にあたって、近年世界的に注目を集めているアクターネットワーク理論などの観点を参照して、フーコーの生政治・統治性論の活用範囲が「人間以外」にまで広げられています。それを踏まえて同書では、窓ガラスの設置や建築上の工夫、都市計画などを通して住環境や療養空間における採光・換気条件の改善が目指されるなかで、人々の心身が「日光」や「空気」との、あるいは「細菌」とのどのような異種混交的な関係性のもとに組み立てられていたのかが明らかにされています。

海外に目を転じると本当にきりがなくなるのですが、フーコーの知見をさまざまなかたちで活用・展開していることについてはカナダの哲学者イアン・ハッキングをまず挙げるべきでしょう。彼の著作はさまざまにあるのですが、そのなかでも多重人格や精神疾患、統計学や確率についての著作は「人間」やそれをめぐる「知」のあり方を考えさせてくれるものだといえます。また『知の歴史学』（二〇〇二＝二〇一二）など、フーコーの方法論を今日に継承しようする著述でもよく知られています。

近年の研究では、フランスの思想史家グレゴワール・シャマユーによる『人体実験の哲学――「卑しい体」がつくる医学、技術、権力の歴史』（二〇〇八＝二〇一八）が、一部で「フーコーの再来」と彼を呼ぶ者もいるほどに高い評価を得ているようです。この本では「卑しい体」、つまり刑死した者、これから死ぬことになる死刑囚、貧しい者、社会的に蔑まれている立場の者、植民地の住民・奴隷などの身体が、いかなる言説・技術・手続きの（ネットワークの）もとでそれぞれ「人間でないもの」として卑しめられ、解剖や人体実験のために供給されることになったのかが考察されています。前期フーコーの『臨床医学の誕生』に近しいテーマについて、同書を部分的に批判しながらも、中期フーコーの権力論を踏まえたより多面的な観点から考察を行っているとても面白い本です。

本書のテーマに即した言説分析の事例としては、カナダの理論心理学者カート・ダンジガーによる『心を名づけること――心理学の社会的構成』（一九九七＝二〇〇五）も重要な研究です。この本では、西洋で発展した心理学を、行動・学習・動機づけ・パーソナリティ・態度といった人間の内面を区分するさまざまなカテゴリーからなる一まとまりの意味世界＝言説とみなし、各カテゴリーがどのような歴史・社会的条件ないしは言説的条件のもとで、どのようなプロセスを経てつくり出され、また確立されていったのかが考察されています。社会学者のピーター・バーガーとトーマス・ルックマンが『現実の社会的構成――知識社会学論考』（一九六六＝二〇〇三）で述べているように、心理学的カテゴリーは私たち自身を捉え、働きかけるにあたっての直接的な枠組みになるため、自己形成に特に結びつきやすい、もしくは私たちそのものと同一化しやすい傾向をもっています。だとすれば、今日人口に膾炙《かいしゃ》しているそれらのカテゴリーの成り立ちを明らかにすることは、私たち自身のあり方を理解することにつながるといえます。

一方、本章の2節でも触れたように、同時代的な言説の外に出られない私たちがその言説を分析することは可能なのかという論点があることから、また実際フーコー自身の研究はほぼ歴史を遡ったものであることから、フーコーの知見を活用した現代の分析は（評論的なものを除けば）蓄積が進みづらい傾向がありました。しかし、現代社会についてのインパクトのある研究をいくつも提出し、そのような状況を変えつつあるのがイギリスの社会学者ニコラス・ローズです。

ニコラス・ローズ――現代における「心」の統治

ローズはフーコー存命中から、彼に大きな影響を受けてその応用といえる研究を行っていましたが、その名が広く知られることになったのは『魂を統治する――私的な自己の形成』（一九八九＝二〇一六）の刊行だといってよいでしょう。同書においてローズは、イギリスにおいて「心」にかかわる諸科学（psy-science）が、人々の「心」をどのように説明し、また「心」をめぐるさまざまな問題の解決策をどのように指し示してきたのかを明らかにしています。ここでいう「心」にかかわる諸科学には、心理学・心理療法・精神医学・精神分析といった「psy」という言葉を含む専門分野・専門技術のすべてが含まれ、またその担い手には心理学者・精神科医・カウンセラーといったその道の専門家だけでなく、ソーシャルワーカー・コンサルタント・メディア関係者など、「心」に関する知識・技術を活用するすべての人々が含まれています。

なぜこのような観点をとるのかというと、「心」にかかわる諸科学は純粋な学術的理論の構築や、実験室におけるデータの測定のみによってではなく、それらを教育・産業・軍事・文化といった各領域での実践的目標に合わせて応用しながら、またさまざまなアクターと結びつきながら、信頼に足るとみなされる社会的権威を確立し、また影響力を発揮してきたとローズが考えるためです。そのためローズは、「心」にかかわる諸科学がそれぞれの領域の諸問題に関してどのように「心」を測定し、理論的に説明し、またそれらにもとづいて「心」に働きかけるどのような知識・技術を提供することで問題解決にかかわってきたのか、つまりそれらが「何をしてきたのか」を包括的に明らかにしようとしたのです。このような営みは、「心」の諸科学がどのような「心」を、ひいては「自己」ないしは「主体」のあり方をつくり出し、導いてきたのかを明らかにするという意味で「自己に関する歴史社会学」や「主体性の系譜学」といえるものなのだとローズは述べています。あるいは、各時代の社会的要求と「心」に関する知識・技術がどのように組み合わさって（ネットワークを形成して）、多くの人々のふるまいを導くテクノロジー、つまり統治のテクノロジーとして実際に機能するようになっていったのかを描き出した研究だともいえます。

では、具体的にローズの議論をみていくことにしましょう。彼は近代心理学が、統計的な心理測定手法を提供してさまざまな社会的要求に応えることでその地位を確立してきたと指摘します。それに先立つものとしてあるのが、近代統計学の創始者ともいわれるフランシス・ゴルトンが一九世紀後半に考案した、遺伝による能力の個人差を測定する手法です。それは正規分布（normal distribution）、つまり平均の付近にデータが多く集まる性質などをもつ左右対称の分布を用いたもので、ローズはこれについて、分布の中央部に収まる「標準的《ノーマル》な」人々を客観的に括《くく》り出《だ》し、その一方で分布の両端（ネガティブな意味としては、多くの場合左端）に位置する「標準的ではない」人々を見つけ出す科学的技術の発明を意味していたと述べます。知能・発達・適性・パーソナリティなどを対象とした心理測定手法にもこの視点は受け継がれ、子どもの発達や不適応、職場における生産性や勤務態度、軍隊における適性など、さまざまなかたちで各領域での「標準」が明らかにされ、それと同時に個々人の「差異」が、特に「標準的ではない」人々ないしはその「心」が客観的に可視化されていったというのです。

このとき、可視化を通して「標準的ではない」人々が排除されたという側面はもちろんあります。しかし、ローズがより注目するのは、こうした客観的可視化を経て、望ましい状態の実現をめぐるさまざまな理論化や実践的取り組みが行われていったことでした。たとえば、心理検査によって明らかにされた子どもの不適応・非行の徴候は、子どもの状態にもとづいて適切な処遇を施そうとする二〇世紀前半の教育・司法・福祉の体制のもとで、少年裁判所や児童診療所などにおける矯正指導の手がかりとして、またソーシャルワーカーの介入の基準として参照されていきました（Rose 1985 も参照）。第二次世界大戦後の孤児についての調査からイギリスの精神科医ジョン・ボウルビィが提唱した「母子分離」の概念は一般的にもよく知られるものとなり、子どもの「正常な《ノーマル》」発達を促す主たる担い手としての家族（特に母親）の接し方に関する基礎理論として、多くの研究や実践的取り組みがそこに連なることになりました。また職場における戦間期以来の各種調査は「人間関係」の重要性という発見をもたらし、「インフォーマル・グループ」でのコミュニケーションや民主的な「リーダーシップ」を奨励するといったかたちで、生産性向上についての理論および職場管理の指針を定めることにつながっていきました。このとき目指されていたのは、子どもの福祉の向上、職場での労働者の精神的満足というように、いずれの領域でも個々人の自由や福祉の実現だといえます。ローズは、これらを最大限に実現することを目指す民主主義社会（彼の言葉では「リベラル・デモクラシー」）における各種の実践と組み合わさることで、心理学は社会に根づいていったのだと述べます。

ただ、こうした傾向があてはまるのは一九六〇年代あたりまでで、それ以降今日に至るまでは違う状況に変化しているとローズは指摘します。たとえば労働の領域では、人間関係への注目が下火になり、それに代わって企業の目標と従業員個々人の目標をうまく結びつけることが生産性向上のためにはよいと考えられるようになっていました。つまり、企業間競争が激しくなり、企業に改革の精神、フレキシビリティ（柔軟性）、リスクを負っての挑戦などが求められるようになってくるなかで、従業員個々人がそうした状況を成長・挑戦・自己実現の機会として自分自身に結びつけて積極的に捉え、変化に応じて柔軟に選択・判断を行い、リスクのある不確定な状況に自らの責任でコミットメントしていくような態度を身につけることが有効だと考えられるようになっていたのです。このような変化に関して、当時のいくつかの立場の心理学がその理論的下支えと、それを実現していくための自己啓発技法を提供していたとローズは指摘します。

子どもや家族に関する領域でも、一九七〇年代頃になると専門家やソーシャルワーカーが家族へ直接的に介入・指導するそれまでのやり方は、大きくいえば福祉国家が定める「標準」の押しつけ（パターナリズム）であり、家族の自律性やプライバシーを侵害するものだという見方が強まるようになっていました。また、人々の生に包括的に介入する福祉国家体制に伴う財政赤字もその頃問題視されるようになっていました。そのような状況において「心」の諸科学の関係者は、カウンセリングやメディア上での発信を通じて子どもの発達や家族関係についての知識・技術をアドバイスし、子どもの発達・教育をめぐるそれぞれの望みができる限り叶《かな》うよう親たちを勇気づける間接的かかわりにシフトチェンジすることになります。そうなると、それぞれの家族、特に子育ての主たる担い手と考えられていた母親は、各種の知識・技術を自発的にとりいれ、子どもや家族をめぐる願望や不安、愛情や葛藤（これら自体がときに「心」の諸科学から学ばれながら）を自分自身で処して日々判断していくしかないということになります。労働の領域と同様に、自分自身でやるべきことを見定め、自分自身の問題として責任を負って取り組んでいくことが求められるなかで、その下支えを「心」の諸科学が間接的に提供するという状況になっているわけです。

このような状況は、現代の生活全般において見出されるものだとローズは述べます。日常生活で起こるさまざまなことがらについてどう対処すべきか。対人関係の悩みやトラブルにどう向き合うべきか。人生を左右する決断の場面でどのようにして納得いく判断を行うことができるのか。離別や死別といった悲しい出来事をどう乗り越えていくことができるのか。こうしたことがらについて、心理療法を中心とした「心」の諸科学の知識・技術が、自らをよく知り、よくコントロールし、よりよい選択ができるように、またその責任を自ら負って自律的に生きることができるように、人々を最もよく支援するという位置づけをますます強固なものにしているとローズは述べます。フーコーの三つの軸でいえば、「自己の自己との関係」を通した主体化の軸に、こうした知識・技術はかかわっているといえます。つまり、社会から受けているさまざまな影響を自らの内に折り畳み、自分なりに意味づけていく、その契機に今日の「心」の諸科学は侵入しているというのです。

さて、これらをまとめて大きくいえば、政策などを通して生の「標準」を押しつける圧力が弱まった「ポスト福祉国家」と呼ばれるような状況において、また各種の規制や保障が緩和されて自由競争の市場経済に企業・人々の双方がより巻き込まれるようになった「新自由主義」と呼ばれるような状況において（ローズはこの言葉とは少し距離を置いているのですが、ローズに続く研究や今日的状況を考えるとこう表現してよいと思います）、そして人々の自律的で自由な意思決定がかつてなく重視される「アドバンスド・リベラル・デモクラシー」とローズが呼ぶような状況において、「心」の諸科学がつくり出そうとする自律的な、また再帰的ともいえる「自己」のあり方は、状況を生き抜くのに最も適した、また求められているあり方だといえます。というより実際に、「心」の諸科学はそうした状況における諸問題に応えようとして、人々のふるまいを導くための知識・技術を提供してきました。その意味で「心」の諸科学が提供する知識・技術は、今日において最も求められている統治のテクノロジーの一つであるわけです。そのためローズによれば、現代を生きる私たちが「心」に関する知識・技術を自ら用いながら、自分自身をよく知り、よくコントロールして自律的・再帰的に社会生活を送るそのとき、つまり「人生で起こる問題はすべて自分の責任なんだ」「問題はすべて自分で解決しないといけないんだ」と思うそのとき、私たちは今日の社会的要求に最もよく応えた「主体」、つまりは最もよく統治された「主体」になっている、というわけなのです。

『魂を統治する』以後、ローズは生物医学やバイオテクノロジー、神経科学ないしは脳科学へとその関心を移行させていきますが、今述べたような主張は保持されているといえます。つまり、それらの知識・技術が社会に広まることで、私たちがそれらによってがらっと塗り替えられてしまうというよりは、よりよい生を送るためにそれらのある部分をとりいれ、ときにリスクを負って選択するというかたちで人々がそれらを活用することで、身体や脳を対象に含めた自律的・再帰的な自己コントロールが強まることになるだろうとされています。

このように、ローズはフーコーの知的遺産を現代の分析に活用し、「自己」のあり方の来し方行く末を鮮やかに描き出しました。彼もまた、このような研究の含意を、現在の私たちのあり方が必ずしも絶対的・本質的なものではないことを明らかにしていくところにあると述べています。『魂を統治する』ではそのことが「脱宿命化」と「不安定化」として表現されていました。つまり、私たちの現在のあり方は、いくつもの「他でもありえたかもしれないこと」の歴史的な積み重なりから成り立っているのだと知ることで、この現在はもしかしたらもっと別様でありえるのかもしれないと考えられるようになるということです。今日台頭が目覚ましい生物医学・バイオテクノロジーを扱った『生そのものの政治学――二十一世紀の生物医学、権力、主体性』（二〇〇七＝二〇一四）では、「現れつつある生のかたち」を描き出すことで未来を先取りし、未来もまた私たちが思っている以上に開かれた可能性があるものだと気づいてもらう狙いがあるとも述べられています。上述したとおり、フーコーの知見を活用した現代の分析は難しいところもあるのですが、それを行うことにはこのような大きな意義があるということに、筆者も賛同します。

現代日本における主体化のテクノロジー――筆者の研究について

さて、ここで筆者が行ってきた研究について紹介させてください。これまでに紹介してきた偉大な社会学者たちと自らを並べるのは大変おこがましいことではあるのですが、筆者は彼らの研究に大きな影響を受けて、現代の日本における「自己」や「主体」のあり方について考えようとしてきました。そこで、これまでの議論をより具体的に捉え直してもらうという意味も合わせて、少し筆者自身の研究について書かせてもらおうと思います。

筆者自身は、次のような経験をしてきた世代だといえると思います。まず、中高生のときに流行《はや》っていた音楽を通して、「ありのままの自分」「自分らしく」「自分を信じて」というような歌詞に慣れ親しんできました。また、就職活動のときに「自己分析」やそれにもとづいた「自己PR」というものに取り組まねばならない状況に直面した最初の方の世代でした。そして本や雑誌、インターネットや各種広告などを通して「○○力」を高めよう、「○○する技術」を身につけようといった、自己啓発的な物言いを年々目にするようになり、ふらっと入った書店では自己啓発書が占める面積が年々増えていることを感じてもいました。つまり、そこかしこで「自己」に向き合おう、高めようとする語りに出合い、それを何となくよいと思ってしまうような、また実際に促されるような状況を生きてきたといえます。では、このような状況は一体どのようにして現れ、またそのなかで私たちはどのような「自己」であることを求められているのでしょうか。博士論文とそれを書籍化した『自己啓発の時代――「自己」の文化社会学的探究』(二〇一二)ではまずこのようなテーマに取り組みました。

本書のここまでの議論に絡めていうと、「自己」についての各種の語りが増殖し、さまざまな「自己」への取り組みが促されるという社会的状況は、前章でみた後期近代論や心理主義化論などから解釈することができますが、それらの議論はそのような状況に至る包括的なメカニズムを説明するものでした。そこで、より具体的には日本におけるどのような文脈で、どのような経緯をたどってそのような状況が実際に立ち現れ、そこではどのような「自己」が望ましいものとされているのかを経験的に描き出してみるという作業課題を設定することにしました。

この作業課題には、次のような理論的な含意を合わせて積み込みました。本章の2節で述べたフーコーの研究の三つの軸のうち、それぞれ多大なインパクトを人文・社会科学にもたらした「知」(言説分析)と「権力」の軸に比べて、博士論文を書いた当時は「自己」(自己の自己との関係)の軸に関する研究の蓄積が乏しい傾向にありました。そこで、この「自己」という観点から、当時隆盛の傾向をますます強めていた自己啓発的な「言説」を分析することで、「自己」の軸を社会学的研究に組み込むことを理論上の狙いとしたのです。これはローズの関心に重なるものといえますが、彼は「心」の諸科学の動向を中心に検討しているので、私たちがいつのまにか自己啓発的な物言いに多く接するようになっていたり、そうした物言いに何かしら関心をもつようになっていたり、という動向についてはあまり解像度の高い話をしていませんでした。そのため、『自己啓発の時代』での表現を用いれば、「自己啓発的文言が社会のそこかしこに散らばり、空気のように私たちにまとわりついてくる」状況について、その文言や空気のありようそのものを分析してみようとしたわけです。

前置きが長くなりましたが、『自己啓発の時代』では四種の資料を分析しました。自己啓発書ベストセラー、就職用の「自己分析」マニュアル、女性向けライフスタイル誌、そして男性向けビジネス誌です。これらはそれぞれ、制作している人々も、主要な読者層も、必要とされる文脈も異なるものです。にもかかわらず、おおむね一九九〇年代中頃以降に同じような変化が起こります。それ以前は、自己啓発書やビジネス誌であれば抽象的な「心がまえ」や勤勉・誠実といった「徳目」の体得、就職対策書であれば「自分を見直そう」程度の言及、女性向けライフスタイル誌では外見操作や商品購入といった手段によって「自己」は変えられるものとされていました。つまり、自分にかかわっていく技法（自己のテクノロジー）が、抽象的徳目や表面的操作の水準に留まっていたのです。しかしこれが九〇年代中頃になると、「本当の自分」や「自分らしさ」を知るために自分の特性を書き出し、「なりたい自分」や「夢」をはっきりさせるためにやはりそれらを書き出し、それらを実現させるために成功した姿のイメージトレーニングを行い、ポジティブに思考・発言するようにし、日々のふるまいに自己啓発的な意味づけをもたせて自分を少しずつ変容・強化していくといったかたちで、自らの内面にかかわっていく技法が各資料において同時多発的に現れ、二〇〇〇年代にかけてますます細密化しながら増殖していくようになります。このような変化を筆者は「内面の技術対象化」と表現しました。

フーコーの議論にひきつけて言い直すと、制作者・読者層・文脈を異にするそれぞれの「語られたこと」が、色々な語りがありえるはずなのにほぼ同時期に、同じように変容し、それ以前はほとんどみられなかった「内面を技術的操作の対象とする」語りを多くの人々が同様にするようになったことが観察されたのです。そのように「語られたこと」の秩序が変化するなかで、現代日本を生きる私たちは、自らと向き合い、「自分らしさ」や「本当の自分」を知り、受け入れ、好きになり、「なりたい自分」を明確化し、それに向けて自らを変え、コントロールし、高め強めていくことが技術的に可能であり、だからこそそうすることが望ましいという「自己」をめぐる感覚をかつてなくリアリティのあるものとして抱くようになっているのではないか、というようにこの本では結論づけました。

とはいえ、こうした感覚をめぐっては文脈ごとのバリエーションがあります。たとえば、どの領域でもただ自分と向き合うことが要請されているわけではありません。つまり前章のギデンズのところで紹介したような「自己の再帰的プロジェクト」が純粋に要請されているわけではなく、それぞれの文脈における目標、つまり就職活動であれば企業からの内定、女性誌であれば恋愛や外見に関心をもつ「女らしさ」、男性ビジネス誌であれば仕事で成功する「男らしさ」という一般的通念が前提として置かれたうえで、その限りでの「自己の自己との関係」の再帰的調整が促されているのです。このことを踏まえ、筆者は自己啓発的なメディアの社会的な機能は、再帰的なふりかえりを促しながらも一定限度内に留める「再帰性の打ち止まり地点」の提供にあると指摘しました。

また各文脈において、ローズが注目した「心」の諸科学の関係者はおおむね登場するのですが、たとえば大学生の就職活動についてはコンサルタントや人事担当者、女性の生き方については作家や芸能人、男性の仕事については会社経営者や脳科学者などがそれぞれ多く発言し、内面を技術的に操作しようとする語りを「心の専門家」と同様に行っていることが観察されました。そのため、「心の専門家」をとりたてて特権的な存在とみなすべきではなく、今述べたような人々がそれぞれ発言における権威的な位置づけ（主体位置）を得ることができるような言説の秩序のあり方こそが考えられるべきではないかとも指摘しました。

さて、こうした分析結果を踏まえると、第1章の3節で示した内省的態度と権威主義の結びつきについて、いくらかの解釈ができるのではないかと思います。つまり、自分自身に向き合い、じっくり考えようとするとき、その営みを助け導き、内省を打ち止めてくれる何らかの権威もまた同時に求められる可能性があるのではないかということです。これは第3章で述べた、人々自身がそれぞれの自己を再帰的につくりあげねばならない社会的状況だからこそ、それを助けてくれる専門知が希求されるという話にも通じるものでしょう。

『自己啓発の時代』で扱いきれなかったことや、批判を受けたことに取り組んだのが『日常に侵入する自己啓発――生き方・手帳術・片づけ』（二〇一五）でした。その取り組み自体は次章の3節で言及する予定ですが、同書ではまた、人生の各年代をこう生きるべしと訴える「年代本」、手帳の使い方を通して人生が変わり夢が叶えられるとする「手帳術」本、そして掃除や片づけを通してやはり人生が変わるとする「片づけ」本の系譜をたどり、いかにして日常のささいなことがらに自己啓発的な意味づけが書き加えられるようになったのかについても分析しました。分析から得られた知見はいくつかあるのですが、その一つとして、各種の自己啓発書は技術的にコントロール可能なものとして「自己」を描き出し続ける一方で、容易にコントロールができないものとして「社会」を視界から遠ざける傾向があることを指摘できるように思われました。『自己啓発の時代』の続きとして、二〇一〇年代自己啓発書ベストセラーの分析をした最近の論文（牧野 二〇二三）では、そのような傾向のさらなる強まりを観察することができました。本書の「はじめに」で述べた、自己完結的な考え方が近年強まっているという言及はこれらの知見にもとづくものでした。またこの論文では合わせて、海外の自己啓発書では、「自己」にも注目するけれど「社会」のあり方についても考えようとする内容の本があることに言及しました。だとすると、コントロール可能な「自己」にのみ注目するべきだという考え方は、他にも色々な語りがありえるはずなのに限られた語りばかりが偏って観察できる、という私たちの社会の言説の問題として捉えることができるでしょう。そのことが分かったならば、そのような現状はもしかしたらもっと別様でもありえるのかもしれないと考えられるようになるはずです。

大学院の博士課程に入ってから『日常に侵入する自己啓発』を出すまで、一〇年近くずっと自己啓発についての研究をし続けて、自己啓発書だけでも一〇〇〇冊はゆうに読んだと思います。その結果、もう二度とこの手の本は読みたくない！　とまで思うようになってしまいました。また、自己啓発の研究だけをしていてもしょうがないというか、自分の考え方に広がりがなくなってしまうとも思っていました。ただ、本書のテーマである「自己」に関する研究は続けたいという気持ちもありました。そこで、自己啓発とは異なる対象に取り組みながらも、「自己」について考えることのできる研究テーマはないものかと結構長いこと探した結果、「人間以外」を分析対象に含める先述のアクターネットワーク理論を経由して、フーコーの『監獄の誕生』に立ち戻ることになりました。

『監獄の誕生』で紹介されているパノプティコンは、規律訓練的権力を最もよく象徴する建築上の図解といえるものです。これについての議論は今読んでも色々考えさせられるところがあるのですが、この図解がベンサムによって示されてから二〇〇年以上が経《た》ち、私たちが暮らす現代においてはただ人々を囲い込み、行動を統制し、規律を身体化させるばかりではない建築空間が多く現れています。むしろ、規律訓練的な考え方はここ数十年の建築界のトレンドとしては否定され続けているといえます。ただ、どんなに開放的で軽やかな設《しつら》えをとる現代的建築空間であっても、そこを利用する人々と建築空間との関係は何らか想定されているはずです。ではそれはどのようなものなのでしょうか。中期フーコーの権力論は規律訓練とパノプティコンのインパクトに引きずられて紹介されがちですが、それは本章の2節で述べたような異種混交的な主体化テクノロジー論という含意をもっています。そこでその『監獄の誕生』のアプローチを現代社会に適用してみたらどうなるのだろうという理論上の狙いを合わせて積み込み、具体的には学校建築・オフィスデザイン・公共空間を対象に分析を行ったのが『創造性をデザインする――建築空間の社会学』（二〇二二）でした。

学校建築・オフィスデザイン・公共空間はそれぞれ、一九六〇年代頃までは合理的な動線設計や空間配置が主に目指されていたのですが（人々のふるまいの導きのあり方としては、おおむね規律訓練的といってよいと思います）、七〇年代あたりからそうしたあり方は人々の個性や自主性を損なうものだとして批判的に捉えられるようになります。そして九〇年代以降から今日に至るまで、人々を閉じ込めるのではなく移動を促し、多様なアクティビティを誘発し、それらを相互視認して互いに触発しあうことを通して、生徒の自己発見や自発性、従業員の創造的思考や協働性、公共空間利用者の市民性や社会性をそれぞれ喚起するような空間デザインと、それらの意義を主張する言説が組み合わさって、各ビルディングタイプにおける有力な代替案をなすようになっていきます。つまり、直接的・集団的にふるまいを統制するのではなく、個々人のふるまいを（相互）誘発するような触媒的働きかけを通して、大きくは「創造性」という言葉で括ることができる性質・能力の醸成へと誘う主体化のあり方がかたちをなしつつあるのです。各タイプにおける一般的な建築空間のあり方（たとえば、読者の方の多くが「普通の学校建築」としてまず思い浮かべるような）は未だ確固たるものとして存続しているので、これらは支配的といえるような動向をなしているわけではありません。しかし、ごく少数派というほどでもありません。そのような、台頭しつつある代替案を示すことで「現れつつある生のかたち」を描き出し、私たちがこれからどのようなあり方へと向かおうとしているのか、その展望について考えてみたつもりです。ここまでが筆者がまとまったかたちで発表してきた研究です。

さて、本章では自己をめぐる経験的な研究の一つの方向性として、文書資料の分析を通して、それぞれの社会における自己のあり方を研究しようとするアプローチについてみてきました。筆者が主に行っているアプローチであるため、つい熱がこもって長くなってしまいましたが、「私」のあり方がさまざまな歴史・社会的条件ないしは言説的条件のもとに成り立っているという観点を得てもらえれば嬉《うれ》しいです。

とはいえ、本章で紹介した研究について、どのようにして「私」のあり方をめぐる各種の条件が出現してきたのかは分かったけれど、たとえば自己啓発書を読んでいる人々や建築空間を実際に利用している人々が、啓発書の著者や建築家が意図したとおりに考えたり動いたりするわけではないだろうと思った方も多いでしょう。それはそのとおりです。では、そのような人々の個々のあり方はどのように考えていくことができるでしょうか。次章では、経験的な研究のもう一つの方向性を紹介しながら、このことについて扱っていきたいと思います。

第5章　語られる「私」

前章ではドキュメント資料の分析、つまり「言葉」を切り口にして、自己がどのように社会的に形づくられているのかを考えようとする研究を色々とみてきました。ただ、紹介した研究はいずれも、時間的なスパンを長くとったり、あることがらについてその社会で語られたことを可能な限り広くみようとしたりする、俯瞰《ふかん》的なアプローチをとるものでした。ですが、言葉と自己の関係はこのような大きなサイズでしか捉えられないものでしょうか。また、前章の最後で述べたように、俯瞰的なアプローチから記述された傾向に個々人の自己はそのとおりあてはまるものでしょうか。

この最後の章では、やはり言葉を切り口にしつつも、前章よりもっと焦点を絞った自己へのアプローチをみていくことにします。紹介の順番としては逆になったのですが、社会学においてはこちらの方が多くの研究者が取り組んでいる、スタンダードなアプローチだといえるでしょう。社会学者の多くが行っている質的な調査、つまりインタビュー調査や参与観察では、調査対象になっている人々の自己、あるいは調査者自身の自己がしばしば浮かび上がってくることがあります。そのとき、自己を考察の主眼にすることもあればそうしないこともあるのですが、いずれにせよ、質的調査において自己という論点はちょくちょく顔を出してくるものだといえます。

そのため、焦点を絞った自己へのアプローチについてみていくことは、質的調査そのものを考えることになりかねないのですが、それについてしっかり説明していこうとするとさらに一冊ないしは数冊本を書かねばならなくなってしまいます（筆者はそれを書くには適任ではありません）。世の中には、質的調査についてのよい入門書・解説書がいくつもありますから、質的調査そのものについてはそちらをご覧いただくこととし、以下では基本的に自己についての解像度を上げることに力を注ぎたいと思います。

1 「物語」としての自己

ケネス・ガーゲンの自己物語論

言葉を切り口に、焦点を絞ってそれぞれの自己のあり方を考えていくにあたってはまず、第3章で紹介したケネス・ガーゲンに再登場してもらうことにしましょう。ガーゲンはもともと、実験的手法を用いる、スタンダードなアプローチをとる社会心理学者だったのですが、一九七〇年代以降になると人文・社会科学各分野の新動向をとりいれて、心理学という学問分野がさまざまな歴史・文化的な前提に拠《よ》っていること（を考えようとしないこと）を批判的に論じるようになりました。その批判内容は第3章でも紹介した、自己の内奥に一元的に統合された本質的な何かがある（のが望ましい）という想定や、そのような想定を含む心理学的言説が人々に及ぼす影響に関することなどです。ガーゲンはおそらく、そのような一元的・統合的な自己観が現代社会にそぐわないと考えたために、自己の「飽和」「群居」「多元症」を論じ、人々はやがて関係性のなかで自己は構成されているという認識にたどりつくはずだと主張したように思われます。

さて、従来的な心理学への批判を経てガーゲンがもう一つ行ったのは、今述べた「関係性」のなかで自己は形づくられていくという論点の掘り下げです。述べたような批判から、俯瞰的に眺めようとして言説の分析に向かえば前章で紹介したダンジガーやローズ（より根本的にはフーコー）の方向に進むことになるのですが、ガーゲンはそうした著述も一部行いつつ、基本的には焦点を絞る方向に進みました。

関係性のなかで自己が形づくられるということであれば、第2章でみたミードやゴフマンこそがそれを論じていたわけですが、ガーゲンは彼らや前章で言及したバーガーとルックマン、フーコーをはじめとしたさまざまな知的潮流をとりいれ、自らの拠ってたつ「社会構成主義（social constructionism）」という立場の基盤にしています（この立場については色々議論があるのですが、ちゃんと説明するとやはり長くなってしまうのでご興味のある方は関連書籍を読まれるといいでしょう）。

さまざまな知見をとりいれながら、ガーゲン（一九九四＝二〇〇四など）が打ち出すのは「語り／物語（narrative）」という観点です。つねに進行し続ける関係性のなかで、人々はさまざまなかたちで自分自身について語ります。直接的あるいは間接的に、自分はこのような人間である、ということを語るにあたって重要なのはなんでしょうか。その語りが説得力をもつことだとガーゲンは述べます。ただ自分はこのような人間である、と語っても、説得する材料がなければそれを受け入れてもらうことはできません。また、自己をめぐる語りには多くの場合、自分以外の登場人物が現れることになりますが、その登場人物本人が目の前でその語りについて「そうかな？　私はこう思うんだけど」というような反応をしたらどうなるでしょうか。おそらく、自らの語りを受け入れてもらうべく、語った当人は反応に応じてその語りの修正を試みたり、語りを追加したりすることになるでしょう。目の前にいる聞き手が語りにおける登場人物でなかったとしても、否定的な反応をされたらおおむね同様のことになるはずです。というのは、もし聞き手の納得が得られなかった場合、ゴフマンが述べたようにその相互行為状況において「イメージとしての自己」が達成できないことになるからです。

そのため、自己についての語りには「以前こういうことがあったから、今の自分はこのようになっている」という出来事の連なり、もう少しいえば語りの聞き手を説得しうるように（および自分自身が納得できるように）関係づけられた出来事の連なりが要請されることになります。以前こういう出来事があって、こうだったから、今の自分はこうである（そしてこれからはこうなっていく）という説明の仕方はまさに「物語」のそれです。人々は自己についての物語を相互行為の場においてそれぞれ受け入れてもらうべく、その場の流れに応じて、また他者からの反応に応じて、さらにより広くはその社会で受け入れられやすい言葉や物語のパターンを活用して、お互いに調整・交渉し合いながら語っているのだとガーゲンは述べます。

このような自己の物語がその場で承認されれば、関係性のなかでそのような自己が共有されたということになります。またそのことが以降の当人の指針にもなり、いってみればそのような物語を実際に生きていくことにもつながるでしょう。それらに加えて、誰かに悩みを相談したときのことを思い浮かべてもらうといいのですが、誰かに対して自己を語るという行為そのものも、自らの経験を整理して分かりやすく説明しようとすることそれ自体によって、自らをふりかえって認識・構成し、指針をもたらす契機になりえます。このようにガーゲンは特に「語り／物語」に注目することで、言葉を切り口にしつつ、焦点を絞ってそれぞれの自己が具体的に形づくられていくありようをまとまったかたちで示したといえます。

ところで、第3章で紹介したギデンズも、現代における自己構成のあり方を説明するにあたって物語の概念を用いていました。ギデンズとガーゲンは、ともに現代社会の診断を伴って、かたや再帰的で内的に準拠した自己構成について、かたや関係性のなかでの自己構成についてというように、注目するところが異なりながらも同じ概念を用いているのです。これは大きくいえば、人文・社会科学における「物語論的転回（narrative turn）」と呼ばれることの概念への関心の高まりのもとで、両者がそれぞれに説明力を見出《みいだ》したのだと捉えられますが、関係性に注目するガーゲンからすれば、ギデンズの見方は個人に重きを置きすぎた、一元的・統合的な自己観をいまだ引きずっているものということになるかもしれません。ですが、野口裕二《のぐちゆうじ》（二〇一八）は関係性のなかで自己がその都度構成されていくとするガーゲンの議論は、自己を再帰的につくりあげ続けねばならないとするギデンズの議論と、不断の変化を個々人に要請するという点において共通しており、両者は社会の流動性の高まりに対する理論的対応のバリエーションとして解釈できると述べています。

さて、ガーゲンが示したような観点は学術研究に留《とど》まらず、「ナラティブ・セラピー」という心理療法としても展開されています。この立場をガーゲンが必ずしも一方的に主導したわけではないのですが、述べたような知的ルーツは共有されています。この立場では、専門的知識・技術をもつセラピストがクライアントを診断し、セラピスト側の物語のもとで治療を行っていくような非対称的関係にもとづくセラピーではなく、何かしらうまくいっていない（と感じるからこそセラピーに訪れる）クライアントの自己物語が社会のなかでうまく機能することを目指して、相互の対話のなかでクライアントが囚《とら》われている物語（ドミナント・ストーリー）からまず離れられるように、また未だ語られていない出来事とその意味づけ方の鉱脈をともに探り出して物語を書き換えていけるように支援するアプローチが示され、今日に至るまで一定の広がりをみせています。

自己物語をめぐるパラドクス

ガーゲンやナラティブ・セラピーにみられる自己物語論の構造を徹底的に考え抜いたとい

えるのが、やはり第3章以来の登場となる浅野智彦です。彼は『自己への物語論的接近——家族療法から社会学へ』（二〇〇一）のなかで、今みてきたような自己物語論の観点をとりあげながら、特に「自己物語はいつでも「語り得ないもの」を前提にし、かつそれを隠蔽しているということ」に注目します。

浅野がこのことに注目するのは、自己物語が独特な構造をもっていることに由来します。自己物語は、自分が自分について語る営みです。そのため、自己は語る側と語られる側との間で、また「以前こういうことがあったから、今の自分はこのようになっている」という過去と現在との間で引き裂かれつつも、しかし同じ自己であるという相反する状態におかれることになります。

この引き裂かれた状態は物語を通して埋めようとされるわけですが、自己言及的な構造をとる自己物語においては、その溝は原理的には埋めきることができません。浅野が端的な例として挙げるのはかつてアルコール依存者（アルコホリック）だった人の自己物語です。ある人が、以前はひどいアルコール依存だったけれども、こんなことがあってお酒をやめるようになって、もう今は大丈夫だと語ったとして、この物語はそれを聞く人にどう捉えられるでしょうか。それはよかったなと受け取られつつも、以前そこまでひどい状態だったのなら、そうは言っているけれど実はまだ依存状態にあるのではないか、あるいは今後また元の状態に戻りかねないのではないかと思われることがありうるのではないでしょうか。

これはアルコホリックや他の依存症にも限らない、自己物語一般についてまわる問題です。「以前こういうことがあったから、今の自分はこのようになっている」という自己物語は、これまでの人生で経験した無数の出来事のうち、ある特定の視点から特定の出来事を自らが選び出し、配列し、意味づけることで生み出されています。つまり、ある視点には必ず盲点や偏りが含まれざるをえず、物語の語り口にはさまざまな他の編集可能性がありえるわけです。そのような偶有性をつねに抱えている自己物語においては、そう語ってはいるけれど本当かな（自分に都合のいい物語をつくっているだけではないか）、今後もそういえるのかな（将来の行動によってその物語が破綻するのではないか）といった疑問を原理的に避けることはできません。また、語られた自己物語のなかに、本人も自覚できていない、その筋からはみ出るようなエピソードが混じっていることもしばしばあるでしょう。あるいは、自らをめぐる出来事について語るにあたっては出来事を反省的に捉えて言葉にする必要がありますが、出来事があまりにショッキングだった場合、それを省みることができず、うまく言葉にできないことがあります。

このように、自己物語はさまざまな理由によって、その人を余すところなく、また一貫した筋のもとに表した完璧なものにはなりえません。述べたような疑問が即座に抱かれるような自己語りはさほど多くなく、普段接する自己語りに目立った破綻は見当たらないように思われるかもしれません。ですが、それは私たちが基本的に、ゴフマンが述べたような相互の面目を尊重して人と接しているからで、仮に意地悪く自己語りの一つ一つにかみついたとしたら、その物語のいくらかは破綻してしまうでしょう（そのようにいちいちかみつく人がいたら、まずその人の面目が失われることになると思いますが）。あるいは、皆さん自身が自己語りをした際に、その筋にあてはまらない出来事があることを自分自身感じていたり、あるいはその筋とは異なる解釈もあることに気づいていたりして、自信のなさや気まずさのようなものを抱えながら語った経験はないでしょうか。それもまた、自己物語が完璧なものではありえないことを例示していると思います。浅野の言葉を参照してまとめると、自己言及的な構造をとる自己物語にはつねに「十全な一貫性や自己完結を内側から阻むような「穴」が空いている」のです。それが上述した「語り得ないもの」の意味です。

この「語り得ないもの」が露顕せずに、自己物語が無事成立することに貢献するのが他者、つまりその聞き手です。自己物語の「穴」をうまく隠し通せた、あるいは少し突っ込まれたけど語りを追加して納得してもらえた、（面目を尊重して）うなずいてくれた、スルーしてくれた、とその成立のプロセスは色々あるかもしれませんが、結果として相互行為の場で語りを受け入れてもらえたことで、自己物語の破綻は回避され、語る自己と語られる自己の同一性、過去と現在の自己の同一性もまたひとまず獲得されたことになるのです。先ほど述べた自信のなさや気まずさも、聞き手から語りが承認されることで、これでまあよかったのかなと思えるようになるでしょう。これらについて少し見方を変えていえば、「語り得ないもの」の隠蔽がうまくいき、自己物語に「穴」などないかのように安定したものとみなされるならば、自己もまた安定したものとして承認されたことになるといえます。

上述したナラティブ・セラピーもこうした観点からその意義が解釈し直されます。まず、クライアントが囚われている物語（ドミナント・ストーリー）というのは、ここまでの議論を踏まえて言い直すと、それが社会でよく流通する典型的な、つまり安定した強固な物語であるために「穴」が見つけづらく、そのためにクライアントが物語から抜け出せずにいるというように解釈できます。また、相互の対話のなかで未だ語られていない出来事とその意味づけ方の鉱脈をともに探り出していくという営みは、クライアントの語りのなかに、本人がはっきり自覚できていないもののドミナント・ストーリーの筋からはみ出るようなエピソードを探し出す、つまり「穴」を見つけ出して物語による拘束を解き、そのうえで別様の物語を対話のなかで模索していくということだといえます。

このようにして浅野は、他者との相互作用、つまり関係性のなかで自己が形づくられていくとする従来的な社会学の自己論（本書でいえば、ミードやゴフマンの議論におおむね相当すると考えてください）に対して、自己と他者の中間項とでもいうべきもの、浅野の言葉でいえばなにかを遮蔽し見えなくすると同時に、別のなにかを映し出す働きをする「スクリーン」としての自己物語の構造を精緻に考え抜くことによって、人々それぞれの自己を考えていくにあたっての解像度を上げることに貢献したといえます。

自己物語研究の展開

自己物語論は近年の質的研究においてかなり広く参照されています。そのため、さまざまなテーマに展開されている研究を細かく追っていくことは難しいのですが、自己物語論が用いられる研究テーマにある程度のあたりをつけることはできると思っています。というのは、私たちは日常的に自己語りをしてはいるものの、それが当人にとって差し迫った課題となり、語りの物語的な性質がより明確なかたちをとるのは、人生における何かしらの問題に直面したときが多いと考えられるからです。そういうわけで、自己の「語り／物語」についての研究の少なくない部分は、人々が人生のなかで直面する何らかの「問題経験」をめぐる研究として展開されてきました。

人々が直面する問題経験の最たるものの一つが「病い」です。カナダの社会学者アーサー・フランクは、病いの語りをめぐる代表的研究の一つといえる『傷ついた物語の語り手――身体・病い・倫理』（一九九五＝二〇〇二）のなかでこう述べています。重い病いにかかったとき、人々はそれまでの人生における「目的地や海図」を失い、「難破」することになる。つまり、以前こういうことがあって、今の自分はこうで、そしてこれからはこうなっていくという海図（自己物語）を、重い病いによってそれまでと同様には保ち続けることができなくなり、違う考え方による新しい海図を書き直さねばならなくなるのだ、と。

フランクはこのとき、物語の起点になるのは身体だと述べます。病いによって、それまで慣れ親しんでいた自分の身体は、まるで統制のきかない、見知らぬものになってしまったかのように変わってしまいます。しかし、それを経てその身体とどのように関係を結び直し、物語をつくり直していくのかが問題、ないしは課題になるというのです。ではそれはどのような物語になるのでしょうか。フランクは、類型が一人歩きすることを戒めつつも、一人一人の病いの語りを注意深く聴き取っていく手助けになるとして三つの類型を示しています。

その類型の一つめは、医療的検査・治療を経て身体の統制を取り戻し、再び健康になるだろうという「回復の語り」です。二つめは、思わしくない病状が続き、統制のきかない痛みや苦しみに翻弄され、語りから展望や連なりが失われた状態としての「混沌《こんとん》の語り」です。そして三つめが、偶発的な痛みや苦しみと向き合える状態に至り、試練を耐え忍び何かを得て帰還する一種の「旅」として病いを語れるようになる「探求の語り」です。最後のものをフランクは理想型として述べるのですが、だとしてもそれは難破以前とは異なる海図であって、病いそのものがなくなったわけでは多くの場合ありません。しかしそのことが、自らが語った物語を今後も責任をもって生きていく、道徳的な指針としての性質を自己物語にもたらすことになります。また、他者に痛みや苦しみを語り、分かち合うことで他者とつながり、また何らかの導きの種を与えるような「語り／物語」をめぐる連鎖的な関係を可能にするものでもあるとフランクは述べています。

自己物語論を参照した研究では、必ずしもフランクのような類型化を伴うものばかりではないものの、各種の問題経験をめぐる語りから、それぞれの問題に人々がどう向き合い、自らの物語をどうつくり直そうとしているのかが分析・考察されてきました。国内では、伊藤《いとう》智樹《ともき》によるアルコホリック、死別、ＡＬＳ（筋萎縮性側索硬化症）、高次脳機能障害などの経験についての研究をはじめ（伊藤はまた、それらをめぐるセルフヘルプ・グループやピアサポートが自己物語にどう関係するのかも合わせ考察しています）、摂食障害や非行からの「立ち直り」など、病いを中心としながらもそれに留まらないさまざまな問題経験が、自己物語論の観点からこれまで考えられてきました。今後の自己をめぐる質的研究においても、「語り／物語」に注目した「ナラティブ・アプローチ」は重要な切り口であり続けるでしょう。

2　自己はどこでどう語られるのか――制度とアイデンティティ・ワーク

とはいえ、自己が「語り／物語」という観点から捉えられるのは分かったけれど、実際に自己が語られる場面についてもう少し具体的なイメージをつかみたいと思った方もいるでしょう。前節の最後に紹介した研究からはそれぞれ個別の語りの様子を知ることができるのですが、ここでは語りの場面について最も総合的な検討を行っているものとして、アメリカの社会学者ジェイムズ・ホルスタインとカナダの社会学者ジェイバー・グブリアムによる『生きられる自己――ポストモダン世界における物語的アイデンティティ』（二〇〇〇）をとりあげたいと思います。

自己語りと「制度」

同書は、第2章でみたミード以来のシンボリック相互作用論の展開と、自己の構成において「言葉」が重要な役割を果たしているとみなす知的潮流を踏まえたうえで、人々がどのように相互行為状況のなかで自らを語り、自らを組み立てようとしているのか、つまり人々が実際に生きているところの自己のありようを考えようとするものです。

ホルスタインらの面白いところは、自己が語られる相互行為状況について、前章で紹介したフーコーの規律訓練に関する議論などを踏まえ、「制度（institution）」という観点を組み込んだ総合的な議論をしている点です。つまり、近代以降の人々の生活は、学校や職場をはじめとしたさまざまな制度のなかでほぼ営まれており、そうした制度が、そこでの人々のふるまいや自らを語るあり方に特定の制約や水路づけをもたらすことに彼らは注目します。もう少しいうと、それぞれの制度においては、そこでどのようにふるまうべきなのか、どのようなことをどう語るべきなのか、それらをどう解釈して次のふるまいや語りを行うべきなのか、といったことについての基本的方向づけと、ふるまいや語りがどの程度まで幅をもって展開されうるのかという可能性の範囲がそれぞれ独自のかたちで提供されているというのです。

といってもまだまだ抽象的だと思われるでしょうから、フーコーのところで言及した学校を再び例にしてもう少しかみ砕いてみましょう。学校では前章で論じたような規律訓練のメカニズムによって人々の配置やコミュニケーションが総体的に統制されているわけですが、より細かくみていくと、たとえば個々の授業は基本的に教師が発問（initiation）し、それに対して生徒が応答（reply）し、それに教師が評価（evaluation）を行うという、「I－R－E連鎖」と呼ばれる会話の構造を典型ないしは規範としながら展開されています（五十嵐《いがらし》ほか二〇二二）。もちろん、「I－R－E連鎖」のみしか会話のパターンがないわけではないのですが、特定の教育的目標が課せられているそれぞれの授業において、教師や生徒がいつ何をどのように語り、どのようにふるまうことができるのかはかなり特殊なかたちで配分されているといえます。話し合いが伴われることの多い探究学習の授業などであれば、その配分はいくらか異なってくるでしょうが、普段友だちとおしゃべりをするように自分のことを語ることはやはりできないでしょう。大学の文系学部のゼミなどでは、そのときのテーマに合わせて自分自身の考えや体験を長めに語ることが許される、ないしは求められるときがあると思いますが、授業以外ではおしゃべりな学生がそういうときはあまりしゃべらなくなったり、その逆があったりすることがよくあるように、これも特殊な語りのセッティングだといえます。このようにして、制度はその場での可能なふるまいと自己語りに、ひいては自己の可能なあり方・示し方に特定の方向づけをもたらすわけです。

ホルスタインらは制度という言葉を、自己の語り方、ひいては自己の構成の仕方が何らかの方向づけられるセッティングという包括的な意味で用いているので、制度にあてはまる事例はさまざまです。つまり、学校や職場のようなフォーマルな組織から、セルフヘルプ・グループのようなインフォーマルといえるグループ、さらにはテレビのトークショー、スポーツ選手へのインタビュー、社会調査における聞き取りといった語りを促す典型的場面まで。

引き続き学校を例にすると、ホルスタインらは制度での相互行為においては教科書、テストの成績、生徒の行動記録、指導メモ、保護者へのお知らせやお願いといった文書資料が活用されていることに言及し、それらの「制度的言説」によっても自己語りの可能性が方向づけられていると指摘します。さらにその方向づけには空間の物理的デザイン（学校であれば、教室の設計やレイアウト、各種教具などの配置・活用状況など）も関係しているとする言及を合わせ考えると、制度とは規範や言説、空間・モノといった、人々のふるまいや語りを方向づける各種のことがらを包括的に含んだ、つまりはフーコーが述べたところの「権力」ないしは主体化のテクノロジーに相当するものとみることができます。

こうした制度のもとで、人々は自分自身に関する何ごとかを語るようしばしば促されます。しかしその基本的な方向づけは制度によって異なるものです。たとえば法廷は、語ることのできる人物と内容をとても厳しく制限しています。学校であれば教師の発問に対する応答、グループ作業の報告、授業で扱うテーマについての自分自身の見解など、教育活動に関連したものに基本的に語りは制限されるはずですが、教師や授業内容、学校段階によってその可能性の範囲は異なってくるでしょう。カウンセリングの場面では基本的に、自分自身の悩みを深い水準で語るつもりで当人はやってくるでしょうし、カウンセラーもそれを予期して語りを引き出すべく向き合うはずですが、相談の進め方はカウンセラーの依拠する立場などによってやはり変わってくるでしょう。職場の場合、黙々と働くような職場がある一方で、第3章のホックシールドの箇所で紹介したような感情管理を動員したコミュニケーションが組織的に監督される職場もあるでしょうし、前章で紹介した筆者の研究に関連するような、オフィスデザインを通して従業員のコミュニケーションを誘発し、創造的なアイデアや協働性を育もうとするようなところもあります。というわけで制度の種別によって、またある制度のなかでもその方向づけはさまざまです。そして、ある自己語りが受け入れられるかどうかは、こうした制度のあり方次第で大きく変わってくるはずです。ホルスタインらは、第3章で紹介したガーゲンの「飽和」や「群居」についての議論を参照しながら、こうした制度が今日無数に増殖し、人々がかつてなく多くの制度にかかわって生きているのが現代だと述べます。

ローカルな関心事とアイデンティティ・ワーク

しかし、このような制度の方向づけのとおりに人々はふるまい、(制度的)言説をそのままなぞり直すように自らを語るばかりなのでしょうか。ホルスタインら自身がそうは考えていません。第2章のゴフマンのところでみた役割距離、つまり人々はそれぞれの場において期待される役割から距離をとって自らを示そうとするということを彼らはかなり考慮しています。

といってもやはりイメージが湧きづらいかと思うので、実際の研究を参照して、制度の方向づけから人々が距離をとっている事例について考えてみましょう。近代的規律訓練のメカニズムが作動する典型的な制度として監獄、つまり矯正施設があることを前章で述べましたが、そうした制度はまさにゴフマンが述べた「全制的施設」でもあり、収容者の行為と語りにかなり強い統制を及ぼすものだと考えられます。しかし、人々はその統制にただ従うばかりではないようです。たとえば都島梨紗《つしまりさ》『非行からの「立ち直り」とは何か——少年院教育と非行経験者の語りから』(二〇二一)では少年院出院者へのインタビューから、少年院での指導に対して(出院を早めるために)自己変容を偽装したり、出院後に非行仲間の元に戻った際に役立つと自分なりに解釈して指導を受容していたり、といった事例が紹介されています。補足しておくと、同書はそうした非行仲間との関係性によって再犯が助長されるという話をしているのではなく、そうした仲間との関係があることで少年院での指導がひとまず受容されたり、出院後の仕事の紹介や仲間たちが年を重ねて「落ち着いていく」さまをとりいれたりすることで、社会的な「立ち直り」につながっていく事例があることなどが記述されています。

また、櫛原克哉《くしはらかつや》『メンタルクリニックの社会学——雑居する精神医療とこころを診てもらう人々』(二〇二二)でも、精神科という医師の専門的な診断・説明・治療を受ける場に対して、診断される側の人々が処方される薬の薬効を詳細に調べ、自分自身への効果を吟味し、医師の判断を(部分的に)とりいれたり、治療方法やクリニックを変えたりといったかたちで自ら解釈・判断している事例をみることができます。このように、行為と語りに対する制約が強いと思われる制度においても、人々は自ら解釈しながらふるまうことができるのです。

しかし、こうした事例をみてたとえば、制度の方向づけと関係なく人々は自ら解釈・判断をしているのだと考えるべきでしょうか（いま挙げた二冊の著者がそう考えているわけではありません）。ホルスタインらは次のような折衷的な見方を示しています。そのキーワードの一つが、人々が置かれたその個別の「ローカルな」場面において、相互行為とともにつねに「進行し続ける関心事（going concerns）」です。学校や職場など、それぞれの制度のもとで人々が相互行為を行うとき、何がその都度の関心事になるのでしょうか。教師から出された話し合いの課題、職場で今取り組んでいるプロジェクト、メンタルクリニックで相談される心理的不調など、少なくない場合それ自体が制度によって方向づけられることになるでしょうが、それについて個人的な経験から解釈したり、メディア上で見知ったことに結びつけたり、ちょっとした思いつきで例え話をしたりといった偶発的な展開のなかで、関心事が基本的方向づけから外れていったり、別の文脈に関心事が接続されたりすることがそれなりに生じます。

このような偶発的なことがしばしば起こる相互行為の場にかかわりながら、人々は自らの経験や知識を眼前のローカルな場面で利用可能な言語的資源と組み合わせ、自らをうまくその場に落とし込むような（つまり、その場の人々に分かってもらい、受け入れてもらえるような）語りを選択的に行って、その都度自己をローカルに達成していくのだとホルスタインらは考えるのです。言葉にするとなかなか難しそうなことなのですが、私たちの日常生活をふりかえって考えてみると、そういうことを私たちはごく当たり前のように行っているはずです。

ただその際、どのような資源が利用可能で、それをどのように用いて自らを語るかは性別や階層など、個々人の社会的立場やそれに伴う経験によってまた変わってくるとホルスタインらは述べます。とはいえそれも一元的・本質的なものではなく、立場は個々人においても複数あり、その場の関心事や、語りの聞き手が誰なのか（どういう立場の人なのか）によってどの立場がどう利用されるかも変わってくるものだといいます。

ホルスタインらは、同書のなかで繰り返し、自己の未決定性を説いているといえます。つまり、制度によって人々のふるまいや語りは方向づけを受けるものの、それによって個々人の自己が鋳型にはめられ、前もって決定され尽くすようなことにはなりません。制度の方向づけを受けながらもローカルに進行し続ける相互行為状況のなかで、人々は自らの立場・経験によって異なる資源の活用可能性や語りの受容幅をその都度動きながら考えて、自己をその場に接続して語り、実現していく作業としての「アイデンティティ・ワーク」に従事し続けているというのです。ですから、人々が実際に生きているところの自己とは、現代社会のメカニズムや言説の秩序などにそのまま直結されるようなものではなく、それらを媒介として、どこか特定のローカルな場でそれぞれ達成され続けるものだということになります。

そのため、逆にいって何らの社会的負荷・拘束もまったくないような状態、ホルスタインらの言葉でいえば「文化的真空」のなかで自己が突如現れ出てくるようなことはありえませんし、純粋に能動的ないしは受動的な自己というものもありえないということになります。これはゴフマンの「帰属するものを何ももたずには、われわれは確固たる自己を持てない」「何か対抗するものがあるからこそ、自己は出現してくる」という指摘を思い出させますね。また、前章でみたドゥルーズによる晩期フーコーの理解、つまり「知」や「権力」の軸から派生・生成するかたちでそれぞれの「自己の自己との関係」を取り結んでいくことで、それらとは異なった水準での主体化がなされうるとする理解にも関係づけられると筆者は思っています。

いずれにせよ、こう考えるならば、制度によって人々の自己（語り）にどのような方向づけが与えられ、そこで人々はどのような資源をどう活用し、ローカルな場面における自己（語り）をどのように達成していくのかというその具体的ありようが注目され、考察されるべきだということになるでしょう。このような研究がどう展開していくのかはやってみないと分からない不明瞭なものだけれども、そこには同時に創発的な可能性が潜在しているのだとホルスタインらは述べています。

3　自己と社会をめぐる循環へ

自己語りをめぐる循環

ホルスタインらの著作は、言葉を切り口にしながら焦点を絞り、また第2章でみた基礎理論と第4章でみた俯瞰的なアプローチを結びつけながら、具体的な自己語りの場面についての総合的な捉え方を提示したものといえます。議論も明快で、これで本書のストーリーもきれいに一巡りしてすっきりまとまったような気もします。

しかしながら、自己の「語り／物語」をめぐる少なくない研究は、ローカルな場面でのアイデンティティ・ワークという観点では捉えきれないところに関心を寄せてきました。たとえば本章の1節で紹介したフランクは、語りを難破させ、混沌に追いやり、語りのやりとりを途絶えさせてしまう痛みや苦しみをもたらしてくる、つまり解釈や相互行為には容易に還元しきれない身体の存在をつねに考えていました。同じく1節における浅野の議論も、むしろ「語り得ないもの」こそが自己物語の鍵になっていることを指摘していました。また水津《すいつ》嘉克《よしかつ》は、自死者の遺族がそのネガティブなイメージや自責の念から、家族の自死を長年誰にも語ることができず、同じ境遇にある人々の会などに参加したとしても容易に語りを再開することが難しい状況にあることを指摘し、語りの困難や不在、ないしは「語り得ない〝語り〟」の意義に一考を促しています（水津ほか編 二〇二〇）。さまざまな体験をしてきた方に実際にお話をうかがうなかで、聞き手の体感としても、また倫理的にも、あらかじめ自己（語り）は未決定なもので相互行為状況に応じてその都度解釈を行いながら語りはなされているのだ、という観点をどのような場合でも押し出すことができるのか、この点には強い批判も含め議論が積み重ねられています。このように、明快な議論の枠組みでは捉えきれないことがらが実際のところ色々とあるわけです。

さて、これらはどれも重要かつ一筋縄ではいかない論点なので軽々にまとめることは難しいのですが、こうした議論があるからといってホルスタインらの指摘を退けてしまうべきかというと、そこまでにはならないでしょう。実際、彼らの指摘がよくあてはまるような事例は多くあるはずです。しかしその一方で、その観点から迫るのが最適とはいえない、妥当ではない事例もまた多くあるでしょう。自己物語をめぐる研究に取り組み続けてきた伊藤は、ローカルな場面において語られる「反応としての物語行為」に注目する視点がある一方で、特定の状況における語りの背後に想定される「長い人生誌としての物語」に注目する視点もまたある（というより、この視点を前提にした研究の方が多い）と述べ、それらは必ずしも対立する視点ではなく、物語に注目する側の関心の持ち方によってどちらが前面に出てくるかは変わり、ときに重ねて用いられるものだとしています（水津ほか編 二〇二〇）。

また伊藤は、個々人の「語り／物語」に注目するアプローチと、文書資料を分析して社会のなかで流通している「優勢な物語」を特定するアプローチは対になっているとも指摘し、『セルフヘルプ・グループの自己物語論――アルコホリズムと死別体験を例に』（二〇〇九）では実際に、インタビューにもとづいた「語り／物語」の分析に先立って、「人々の自己物語の原型になりうる候補」としてアルコホリズムをめぐる「言説」の分析を一章を割いて行っています。このような対を切り口として研究が進められることはしばしばあります。たとえばホルスタインらは、フーコーのような包括的な観点は重要だけれども、その観点では人々のローカルな場における解釈やふるまいを捉えきれないとして上述したような議論を展開していました。ですが、本章の2節でみたような議論が進められるとき「言説」などはかなり単純に捉えられることになりがちで、そうなると今度はローカルな自己語りの資源をもたらすものは何なのかが気になってきます。そのような検討の代表例の一つがイギリスの社会学者ケン・プラマーによる『セクシュアル・ストーリーの時代――語りのポリティクス』（一九九五＝一九九八）で、同書では性をめぐる人々の個別の物語が盛んに語られるようになっていることについて、それを可能にする社会的条件、たとえばマスメディアの影響や社会運動の展開、公的処遇の変化などに注目する必要があるとし、同性愛者の物語などを事例にして検討を行っています。しかしこうした研究から学ぶことで、今度は人々の個別の物語がどのようなものなのかがより気になってきます。

こうみてくると、当然のことではあるのですが、一つのアプローチで自己と社会の関係をすべて捉えきることはできないし、個別の研究において各種のアプローチを網羅することも難しいということが分かります。とはいえ、これは必ずしもネガティブな話ではありません。自己の社会的成り立ちについて考えてみようとなったときに注目する点やアプローチを絞ることは重要で、それが絞り切れないと、分かることは浅いところに留まってしまうでしょう（これは自己論に限らない話ですが）。焦点を絞ることで、これまで見えてこなかったものが見えてくる可能性は高まるはずです。焦点を絞ったことそれ自体によって盲点もまた生まれてしまうわけですが、それは何かが見えてきたことに伴って現れるもので、それによってあるアプローチから零《こぼ》れ落《お》ちてしまうことが以前よりもよく分かるようになるともいえます。

そもそも一人が一度にできること、考えられることには限りがあります。ですから基本的には、気になること、考えるべきだと思ったことについて適切な観点をよくよく検討し、そこからまずしっかり考え、そのことによって生まれてきた盲点については後で自分が、あるいは他の誰かが取り組むことになるだろうという開かれたスタンスをとるのが、自己と社会の関係を考えることそれ自体を広く捉えるにあたってはいいのだろうと筆者は考えています。個別の検討において焦点を絞り、深く考え、新たな知見を導き出すことはそれ自体重要なことですが、その知見と盲点が誰かの次の考えにつながり、そこからさらにまた考えるべきことが生まれて次につながる、という知の循環が形成されることもまた重要なことなので、一つの研究ですべてを捉えきれないことはネガティブな話ではないと思うのです。

と、具体的な例がないままにまとめてしまったので、今述べたことを自分の研究に引きつけて説明し直して、本書の結びとすることにしましょう。

「自己啓発」をめぐる循環

筆者は最初に出版した『自己啓発の時代』のなかで、就職活動における「自己分析」が、一九九〇年代中頃にそれを行う理由と分析技法の定型化を通して定着に至ったのではないかという考察を行いました。技法の定型化についてもう少し述べると、「自分史」の作成を通した過去の回顧、自らについて「棚卸し」を行うように書き出すことを通した現在の「自分らしさ」の分析、「やりたいこと」や「なりたい自分」の導出を通した未来の想像、エントリーシートや面接を意識した「エピソード化」による自己アピールの明確化、といったかたちで各種の就職対策書において自己分析の技法がほぼ同様に登場するようになったのです。このことが、就職活動における「自己分析」を流通しやすくさせ、またエントリーシートなどの選抜プロセスと連動することにもつながって、特定の「自己の自己との関係」に大学生を方向づけた側面があったのではないかと考察しました。

ですが、これは当然、大学生が言説のとおりに考えたり動いたりするわけではないだろうという疑問を呼び込みます。そして実際、就職活動を行う大学生についての質的研究が少し間を置いて公刊されました。たとえば井口尚樹《いぐちなおき》『選ぶ就活生、選ばれる企業——就職活動における批判と選択』（二〇二二）は、企業による選抜プロセスを大学生がどのように観察し、自分なりに解釈と評価を行って、就職する企業を自ら選択していくのかをインタビュー調査から明らかにしています。同書では、就職活動において何を重要なものだとみなすかは多元的なものであるとして「就職ゲーム」という概念が用いられています。たとえば「スキル・ゲーム」は業務に必要な能力にもとづいた選抜を重視するパターン、「ケミストリー・ゲーム」は自らの印象をよくするような、あるいは自らの人となりを分かってもらうような自己アピールを通して形成される採用担当者との心理的つながりを重視するパターン、「コミットメント・ゲーム」は応募企業・業界についてしっかり勉強・準備してきたという意欲の高さを重視するパターン、といったものです。大学生はこれらの各ゲームに自ら入り込んでいったり、あるいは「ケミストリー・ゲーム」は面接相手との相性次第になってしまいがちでそうした相性は職務能力と必ずしも関係しない、「コミットメント・ゲーム」はたくさんの企業にいちいち高い意欲をアピールすることは嘘《うそ》っぽくて腑《ふ》に落ちない、というように各パターンの選抜を批判的に評価したりしながら就職活動を進めていくことになると井口は述べています。こうして同書では、学生たちが複数のゲームをその都度使い分けながら、必ずしもうまく進むばかりではない選抜プロセスを自分なりに解釈し、何とか自分が納得いくようプロセスを進めていこうとするさまが鮮やかに描き出されています。

ただ、このような分析がなされている一方で、たとえば性別や通っている大学の入試難易度、大学が立地する地域などによってどのように学生の解釈のあり方が異なるのか、どの

「就職ゲーム」が選ばれやすいのかといったことに同書は踏み込んでおらず、量的調査などから今後検討される課題だとされています。この点をちょうど扱っているのが妹尾麻美《せのおあさみ》『就活の社会学――大学生と「やりたいこと」』（二〇二三）です。同書では、就職活動において大学生が「やりたいこと」を問われ、またそれに関連して自らのふりかえりやアピールが求められるようになっていることに焦点を絞り込み、大学生が就職活動のそれぞれの局面において「やりたいこと」にどのような意味づけを行っているのかをインタビュー調査から明らかにしています。

こう概略だけ説明すると、『選ぶ就活生、選ばれる企業』と同じような研究という印象を受けるかもしれませんが、読んでみるとこの二冊はその性質が結構違っています。井口は大学生の解釈のあり方にほぼ特化して分析を行っていますが、妹尾は大学生の就職活動がそもそも日本特有の雇用慣行や労働市場とどのような関係にあるのか、また「やりたいこと」を語らせるような就職活動の状況がどのような経緯で現れたのかという巨視的な把握をまず行ったうえで、大学生の語りを分析しています。そしてその分析は、長期雇用を前提にして「やりたいこと」と純粋に向き合いやすい（そういう社会的状況にある）男子学生についてまずなされ、それが結婚・出産などに伴ってライフコースが分岐しやすい（そういう社会的状況にある）女子学生とどう異なるのかが比較されるという順序になっています。その後さらに入試難易度が低い大学、つまり厳しい選抜ないしはその準備のための勉強をあまり経ずに大学まで進学した学生が、入試以上に厳しい選抜が行われる就職活動にどのような意味づけを行っているのかが分析されており、全体として「やりたいこと」を追い求めていくような就職活動のあり方を相対化していくような分析・考察が行われているといえます。

井口の研究は、大学生の解釈のあり方に特化することで、大学生は就職活動の各局面においてそれぞれこんなことを考えているのかということへの理解をとても充実させてくれるものです。一方妹尾の研究は、「やりたいこと」という一点へと焦点を絞り込むことで、それが性別や入試難易度などによってどのように異なって解釈されているのか、また「やりたいこと」を重視する就職活動がそもそもどのような社会的プロセスのもとで現れたものなのかを理解させてくれます。こうした両書のどちらかがより優れているということはなく、井口の著作にもう少し求めたいところを妹尾の著作が書いており、その逆もまたいえるような関係になっているのだと思います。

ほぼ同時期に刊行されたこの二冊はちょうど相互補完的に、就職活動という自己語りを促す制度に大学生がどう向き合っているのか、またそのような制度がどのように立ち現れ、どのような大学生にそれぞれどのような資源の利用可能性の違いをもたらしているのかを読む側に教えてくれるものです。また、井口の著作では「自分らしく」「自分の強み」「自分の軸」といった表現を使いこなしている学生の語りが何度か出てくるのですが、このような言葉遣いは普段の生活で用いる言葉だとはあまり考えにくく、何らかの就職活動関連の本・資料・セミナーなど、つまり就職活動をめぐる（制度的）言説による自己語りの方向づけがはたらいている事例として受け取ることができます。筆者の研究は両者にとって批判対象であったり、研究が推進されるにあたってのステップであったり、考察の手がかりであったりするわけですが、こうやって知の循環が形成されることで、個別の研究ないしはその足し算以上のことがみえてきたといえるのではないかと思います。

筆者自身も、自己啓発言説の研究を経て、ではそれがどのような人々に、どう受け取られており、またそうした言説はどのように生み出されているのかを考えようとしてきました。それが『自己啓発の時代』の次に出した『日常に侵入する自己啓発』でまず取り組んだことでした。同書では第1章で紹介した青少年研究会の調査データを用いて、（少なくとも二〇一〇年前後においては）自己啓発書を読む人々の社会的属性が大学進学者・正規雇用従事者に寄っていること、また特に男性の場合は高校時代に運動部活動をしていた人に寄っていることを示しました。つまり、自己啓発書は社会的階層が比較的高めの人々が読むもので、男性においては「体育会系」的志向に親和的なメディアであるということです。次いで、自己啓発書読者へのインタビュー調査から、それらをそのまま真に受けて読んでいるような読者は意外にもほとんどおらず、自分自身の経験や知識に照らし合わせながら、今の自分が考えていること、やっていることが正しいかどうかを確認するために読むという「自己確認的読み」とでもいえる態度が多くみられることを指摘しました。そして、自己啓発書の編集者と著者へのインタビュー調査から、特に編集者が著者の個性や価値観を際立たせていく意識を明確にもって編集の営みを行っていることを示しました。これらを踏まえて筆者は、では人々が自己確認の参照点にするような、また編集者によって際立たせられて世に多く放たれているような価値観とはどのようなものなのか、という問いを立てて再び自己啓発言説の分析に同書後半で取り組んでいったわけです。

筆者がこのような研究を行ったのは、主に『自己啓発の時代』を出版したあとにさまざまな方にコメントをいただいたことによるのですが、それを受けてこのように複数のアプローチを用いて分析・考察を行ったことで分かることは実際増えたように思います。しかし、これで自己啓発をめぐるすべてのことが明らかになったわけでは当然ありません。だからこそ、たとえばサラリーマンの自己啓発については谷原史《たにはらつかさ》『〈サラリーマン〉のメディア史』（二〇二二）が、運動部活動に関する自己啓発的言説の展開とその実際的な活用については下竹亮《しもたけりょう》志《じ》『運動部活動の社会学――「規律」と「自主性」をめぐる言説と実践』（二〇二二）が、筆者の提出した知見をステップの一つにして、それぞれの文脈における研究をそれぞれ展開したのだといえます。また、『日常に侵入する自己啓発』を書いてから早くも一〇年ほど経《た》ってしまい、読者のあり方についても、言説についても状況はきっと変わってしまったように思われます。ではそれはどう変わったのでしょうか。ということで筆者自身が自己啓発についての研究にまた取り組もうとし始めています。

このように、一つの研究で自己と社会の関係についてはもう分かった！　ということにはならず、考えるべきことが残されていたり、新たに生まれてきたりすることは、その関係をよりよく理解するためにはポジティブなことなのだと筆者は思っています。第1章のおわりでは、自己という存在の社会的成り立ちを考えていこうとすると、必然的に、自己と社会の関係をさまざまな観点から考えていくことになると述べました。そして本書ではその関係を実際に色々とみてきたわけですが、改めてふりかえると、各章の議論はそれぞれにつながりあっているといえます。つまり、第2章や第3章で紹介したような理論を読めば今度はそれが経験的にどう確かめられるかが気になり、第1章でみたような統計的動向や第4章でみたような歴史的・俯瞰的な動向を追えば今度は本章のような個々のありようが気になり、本章のように個々のありように焦点をあてれば今度はより広い動向が気になり、どのようなかたちであれ経験的な分析を行えば今度はそれが理論的にどう解釈できるかが気になる、というように。もちろん、それぞれのアプローチをめぐって気になること、より掘り下げて考えたいことが出てくるというつながり方もありえます。

こうやって自己と社会の関係をあれこれ考え続けることは、誰かとまた別の誰かの考えがつながって知の循環が形成され、分かることが増えるという点においても有意義なことですが、読者の皆さん自身においては「私」という存在が社会的にどう成り立っているのかをあれこれ考えて、また「私」と社会が結びつく道筋をあれこれ見出して、「私」の風通しをよくすることに、あるいは社会のなかで「私」は生きているんだなと実感することにつながるかもしれません。本書の「はじめに」で、押しつけるようなつもりはまったくないと述べたものの、本書を読んでくれたことで、今述べたことに読者の皆さん自身がしっかり納得して、実感するところが少しでも増したのであれば、筆者としては嬉《うれ》しく思います。

あとがき

新書という媒体で書くことについて、長い間あまり前向きではありませんでした。本書の第4章で紹介したような経験的研究を一つ一つしっかりやっていきたいという気持ちが何よりもあったことと、筆者が主に取り組んできた「言説」の分析は、こういう観点からこういう手続きで進めていきますという細かい方法論的な説明を緩めると一気に分析が瓦解しかねないので、新書という媒体にそぐわないのではないかと思っていたことがその主な理由でした。

しかし、自己啓発の研究から離れて建築空間の研究に取り組み、もう一度自己啓発の研究に戻りそうな状況になって、つまり自分自身の研究が一巡りしてここまでを少しふりかえってみてもよいかという心持ちにいつしかなったことと、筆者の子どもが中学生になる頃だったので、そういう若い世代の人たちに読んでもらえそうなものを書いてもいいかもしれないという心持ちになったことから、本書を書き始めることにしたのでした。

そういうわけで、本書のコンセプトとして（1）できる限り平易にして中高生や大学生に読んでもらえるような書きぶりにする、ということがまずあります。本書の第3章・第4章の一部は、非常勤講師として担当した明治大学「アイデンティティ論」、東京大学「アイデンティティの社会学」などのために準備した内容がもとになっているので、大学の授業にちょうど相当するものともいえます。ただ、本書の内容からも分かるように筆者はあれこれ含意を積み込みたいタイプなので、合わせて次のようなことも考えながら書きました。

まず、（2）大学院生や学術研究者が読んでも面白いと思ってもらえるような奥行きのある内容を込めること。これは本書と同じちくまプリマー新書の、筒井《つつい》淳也《じゅんや》さんによる『社会を知るためには』（二〇二〇）を以前読んだときに、（1）と（2）が両立していて素晴らしいなと思ったことを受けて、筒井さんには及ばずともそれを狙いたいと思ってのことです。

次に、（3）自己の社会学の世界的動向にキャッチアップした構成にすること。本書を書くにあたって、自己やアイデンティティの社会学に関する英語圏のテキストやリーディングスを可能な限り色々読んで、入門書だけれども最新の研究動向にもある程度触れられるような内容にすることを心がけました。

そして、（4）色々なアプローチを可能な限り紹介すること。自己やアイデンティティに関する文献はどうしても、理論中心になったり、質的研究に特化した内容になったりしがちであるように思われたので、理論と調査、量と質、歴史と現在、国内と海外、古典から最新のものまでというように、本書のストーリーのなかでさまざまなタイプの研究成果を紹介することを心がけました。

とはいえ、本書が扱いきれなかった、至らなかったところも色々あります。まず、ジェンダーやセクシュアリティ、階層、エスニシティといった観点については、本書でもいくらか言及しているところもあるのですが、筆者がそれらについて専門的に研究してきたわけではないために、本当に最低限というところに留《とど》まっていると思います。ただ、これらの立場が異なると「自己」のあり方はときに大きく異なり、場合によっては特定のあり方が押しつけられたり、それに閉じ込められたり、社会運動などを通して勝ち取らねばならなくなったりすることもあるということは言明しておきたいと思います。これらの観点について本書では十分に扱いきれませんでしたが、各観点については入門的なものから専門的なものまで、良書がたくさんありますので、関心を抱いた方はそれらを是非探して読んでみてください。

また、最新の研究動向にキャッチアップするといいながらも、ＡＩの発展や、「定量化された自己」と呼ばれるような各種個人情報のデータ化が私たちにどのような影響を及ぼすのかといったことは本書のストーリーに収めきれませんでした。これらの展開は「自己」のあり方についてこれまでとは別様のインパクトをもたらす可能性があり、今後考えられていくべきトピックであると思います。他にも、収められなかったトピックは色々とあります。

さらに、本書のストーリーに関しても、これでよかったのかなと今でももやもやしているところはあります。本書を書き進めるなかで特に苦労したところが二つあって、一つは第3章における前近代社会の説明の仕方です。社会学は近代以降の社会を捉えるためのレンズを磨いてきた学問とおおむねいえるので、筆者には前近代社会の捉え方についての土地勘が乏しく、中世・近世のヨーロッパや日本における人々の暮らしに関する文献を読み重ねるにつれ、どう書くのが適切といえるのかがどんどん分からなくなってしまいました。困り果てた末、読者の皆さんに多分一番スムーズに理解してもらえる可能性が高いとして第3章のような書き方にしたのですが、ご異論もあろうかと思います。

もう一つは第5章における質的研究の紹介の仕方についてです。その章でも述べたとおり、質的研究に取り組んでいる研究者はとても多いのですが、そうしたたくさんの研究のディテールや質的研究をめぐる論点をちゃんと紹介しようとすると本書の収まりがつかなくなってしまうので、自己をめぐる論点のエッセンスだけを取り出した結果、むしろ章としては短めになってしまいました。総体として、上述した、平易であることと奥行きを示すことのバランスに悩んだ章でした。この章についても、ご意見・ご批判が色々あろうかと思います。

ただ、開き直ってしまうと、一人が一度にできること、考えられることには限りがありますし、本書の狙いは諸論点を余すところなく完璧に表すというよりは「私」について考えるための手がかりを色々と示し、「私」をめぐる風の通り道を増やすところにあったわけなので、「うーん？」「もう少し知りたいかも」と思ったことについては本書で紹介された文献や、その文献で言及されている文献を読み進めてもらうのがいいのかな、と思うところもあります。「ちくまプリマー新書」として刊行される本書の役回りはそういうものかな、と。

そんなわけで、他の新書のあとがきで「一か月くらいで一気に書き上げた」というような言及をときどき目にすることがあるのですが、今述べたようなことを結構悩んだり、ミード（遡ってジェームズとクーリー）から順次読み直していくというようなことをやったりした結果、本書を書き上げるのに二年以上かかってしまいました。時間をかければ必ずしもいい本になるとは限りませんし、それだけ時間をかけてこれかと思われるかもしれませんが、色々な思いを込めて、自分の持っている引き出しのすべてを出し切るような気持ちで本書を書いたつもりではあります。

最後に、本書をご担当いただいた筑摩書房の橋本陽介さんに感謝申し上げます。二〇二一年の年末に丁寧なお手紙をいただいて、それを読んだとき、述べたような新書を書くことに対する心持ちの変化を自覚したのだと思います。いいタイミングでお声がけいただき、またなかなか進まない本書の執筆を励ましていただき、ありがとうございました。橋本さんは本書入稿の直前にご体調を崩されてしまい、そこからは方便凌さんに引き継いでいただきました。方便さんとの打ち合わせで最も時間をかけたのは、本書のタイトルをどうするかということでした。筆者が当初考えていた『社会のなかの「私」』『社会がつくる「私」』といった案だといまいち手に取ってもらいづらいのではないかということで、新橋の喫茶店で二人でうんうん唸《うな》り続けて、本書のようなタイトルになりました。もしこのタイトルに惹《ひ》かれた方がいたとしたら、それは方便さんのお力によるものだと思います。

また、いつも共に頑張っている美和さんにはこれ以上ない感謝を。そして、由太君と壮介君がいつか自分から、本書を手に取ってページをめくり始めてくれる日がくるかもしれないと、ほのかな期待を込めつつ本書を世に送りたいと思います。

二〇二五年三月

牧野智和

参考文献

赤川学（一九九九）『セクシュアリティの歴史社会学』勁草書房
浅野智彦（一九九九）「親密性の新しい形へ」富田英典／藤村正之編『みんなぼっちの世界──若者たちの東京・神戸90's・展開編』恒星社厚生閣
──（二〇〇一）『自己への物語論的接近──家族療法から社会学へ』勁草書房
──（二〇〇六）「若者の現在」浅野智彦編『検証・若者の変貌──失われた10年の後に』勁草書房
──（二〇一一）『若者の気分　趣味縁からはじまる社会参加』岩波書店
──（二〇一四）「SNSは「私」を変えるか──ケータイ・ネットと自己の多元化」松田美佐／土橋臣吾／辻泉編『ケータイの2000年代──成熟するモバイル社会』東京大学出版会
──（二〇一六）「「若者のアイデンティティ」論の失効と再編」川崎賢一／浅野智彦編『〈若者〉の溶解』勁草書房
五十嵐素子ほか編（二〇二三）『学びをみとる──エスノメソドロジー・会話分析による授業の分析』新曜社
井口尚樹（二〇二二）『選ぶ就活生、選ばれる企業──就職活動における批判と選択』晃洋書房

伊藤智樹（二〇〇九）『セルフヘルプ・グループの自己物語論――アルコホリズムと死別体験を例に』ハーベスト社
岩佐淳一（一九九三）「社会学的青年論の視角――一九七〇年代前半期における青年論の射程」小谷敏編『若者論を読む』世界思想社
小此木啓吾（一九七八）『モラトリアム人間の時代』中央公論社
片桐雅隆（一九九一）『変容する日常世界――私化現象の社会学』世界思想社
――（二〇〇〇）『自己と「語り」の社会学――構築主義的展開』世界思想社
北田暁大（二〇〇五）『嗤う日本の「ナショナリズム」』日本放送出版協会
櫛原克哉（二〇二二）『メンタルクリニックの社会学――雑居する精神医療とこころを診てもらう人々』青土社
栗原彬（一九八一）『やさしさのゆくえ＝現代青年論』筑摩書房
――（一九八九）『やさしさの存在証明――若者と制度のインターフェイス』新曜社
佐藤俊樹／友枝敏雄編（二〇〇六）『言説分析の可能性――社会学的方法の迷宮から』東信堂
佐藤雅浩（二〇一三）『精神疾患言説の歴史社会学――「心の病」はなぜ流行するのか』新曜社
下竹亮志（二〇二二）『運動部活動の社会学――「規律」と「自主性」をめぐる言説と実践』新評論
水津嘉克／伊藤智樹／佐藤恵編著（二〇二〇）『支援と物語の社会学――非行からの離脱、精神疾

患、小児科医、高次脳機能障害、自死遺族の体験の語りをめぐって』生活書院
妹尾麻美（二〇二三）『就活の社会学――大学生と「やりたいこと」』晃洋書房
谷原吏（二〇二二）『〈サラリーマン〉のメディア史』慶應義塾大学出版会
都島梨紗（二〇二一）『非行からの「立ち直り」とは何か――少年院教育と非行経験者の語りから』晃洋書房
辻大介（一九九九）「若者のコミュニケーションの変容と新しいメディア」橋元良明／船津衛編『子ども・青少年とコミュニケーション』北樹出版
筒井淳也（二〇二〇）『社会を知るためには』筑摩書房
富永京子（二〇一七）『社会運動と若者――日常と出来事を往還する政治』ナカニシヤ出版
西川純司（二〇二二）『窓の環境史――近代日本の公衆衛生からみる住まいと自然のポリティクス』青土社
野口裕二（二〇一八）『ナラティヴと共同性――自助グループ・当事者研究・オープンダイアローグ』青土社
船津衛（一九七六）『シンボリック相互作用論』恒星社厚生閣
――（一九八三）『自我の社会理論』恒星社厚生閣
牧野智和（二〇〇六）「少年犯罪報道に見る「不安」――『朝日新聞』報道を例にして」『教育社会学研究』七八、一二九―一四六

――（二〇一二）『自己啓発の時代――「自己」の文化社会学的探究』勁草書房
――（二〇一五）『日常に侵入する自己啓発――生き方・手帳術・片づけ』勁草書房
――（二〇一九）「「言葉」を分析することの意義とその留意点」『日本労働研究雑誌』六一（四）、七五―八〇
――（二〇二二）『創造性をデザインする――建築空間の社会学』勁草書房
――（二〇二三）「二〇一〇年代自己啓発書ベストセラーにみる「心の習慣」」北田暁大／東園子編『岩波講座社会学　第12巻　文化・メディア』岩波書店
――（二〇二四）「「同調志向」がもたらすもの、遠ざけるもの」小川豊武ほか編『「最近の大学生」の社会学――２０２０年代学生文化としての再帰的ライフスタイル』ナカニシヤ出版
――（二〇二五）「「問題化」以降の少年犯罪報道――２００５～２０２３年の『朝日新聞』報道を例にして」『社会学年誌』六六、一〇一―一一五
森真一（二〇〇〇）『自己コントロールの檻――感情マネジメント社会の現実』講談社
エリアス、N.（一九七七）赤井慧爾／中村元保／吉田正勝訳『文明化の過程（上）――ヨーロッパ上流階層の風俗の変遷』、（一九七八）波田節夫ほか訳『文明化の過程（下）――社会の変遷／文明化の理論のための見取図』法政大学出版局（原著一九三九）
エリクソン、E.H.（二〇一一）西平直／中島由恵訳『アイデンティティとライフサイクル』誠

信書房（原著一九五九）
――（二〇一七）中島由恵訳『アイデンティティ――青年と危機』新曜社（原著一九六八）
ガーゲン、K．J．（二〇〇四）永田素彦／深尾誠訳『社会構成主義の理論と実践――関係性が現実をつくる』ナカニシヤ出版（原著一九九四）
ギース、J．／ギース、F．（二〇〇五）栗原泉訳『中世ヨーロッパの城の生活』講談社（原著一九七七）
ギデンズ、A．（一九九三）松尾精文／小幡正敏訳『近代とはいかなる時代か？――モダニティの帰結』而立書房（原著一九九〇）
――（二〇二一）秋吉美都／安藤太郎／筒井淳也訳『モダニティと自己アイデンティティ――後期近代における自己と社会』筑摩書房（原著一九九一）
ゴフマン、E．（一九七〇）石黒毅訳『スティグマの社会学――烙印を押されたアイデンティティ』せりか書房（原著一九六三）
――（一九八四）石黒毅訳『アサイラム――施設被収容者の日常世界』誠信書房（原著一九六一）
――（一九八五）佐藤毅／折橋徹彦訳『出会い――相互行為の社会学』誠信書房（原著一九六一）
――（二〇〇二）浅野敏夫訳『儀礼としての相互行為――対面行動の社会学』法政大学出版局

（原著一九六七）
シャマユー、G．（二〇一八）加納由起子訳『人体実験の哲学――「卑しい体」がつくる医学、技術、権力の歴史』明石書店（原著二〇〇八）
ジェームズ、W．（一九九二）今田寛訳『心理学（上）』岩波書店（原著一八九二）
タークル、S．（一九九八）日暮雅通訳『接続された心――インターネット時代のアイデンティティ』早川書房（原著一九九五）
ダンジガー、K．（二〇〇五）河野哲也訳『心を名づけること――心理学の社会的構成（上）（下）』勁草書房（原著一九九七）
デュルケム、E．（二〇一七）田原音和訳『社会分業論』筑摩書房（原著一八九三）
トゥアン、Y．（二〇一八）阿部一訳『個人空間の誕生――食卓・家屋・劇場・世界』筑摩書房（原著一九八二）
ドゥルーズ、G．（二〇〇七）宇野邦一訳『フーコー』河出書房新社（原著一九八六）
ハッキング、I．（二〇一二）出口康夫／大西琢朗／渡辺一弘訳『知の歴史学』岩波書店（原著二〇〇二）
バーガー、P．L．／ルックマン、T．（二〇〇三）山口節郎訳『現実の社会的構成――知識社会学論考』新曜社（原著一九六六）
バウマン、Z．（二〇〇一）森田典正訳『リキッド・モダニティ――液状化する社会』大月書店

（原著二〇〇〇）
――（二〇〇八）長谷川啓介訳『リキッド・ライフ――現代における生の諸相』大月書店（原著二〇〇五）
フーコー、M．（一九六九）神谷美恵子訳『臨床医学の誕生』みすず書房（原著一九六三）
――（一九七四）渡辺一民／佐々木明訳『言葉と物――人文科学の考古学』新潮社（原著一九六六）
――（一九七五）田村俶訳『狂気の歴史――古典主義時代における』新潮社（原著一九六一）
――（一九七七）田村俶訳『監獄の誕生――監視と処罰』新潮社（原著一九七五）
――（一九八六）渡辺守章訳『性の歴史Ⅰ――知への意志』新潮社（原著一九七六）
――（一九八六）田村俶訳『性の歴史Ⅱ――快楽の活用』新潮社（原著一九八四）
――（一九八七）田村俶訳『性の歴史Ⅲ――自己への配慮』新潮社（原著一九八四）
――（二〇一二）慎改康之訳『知の考古学』河出書房新社（原著一九六九）
――（二〇二〇）慎改康之訳『性の歴史Ⅳ――肉の告白』新潮社（原著二〇一八）
フランク、A．W．（二〇〇二）鈴木智之訳『傷ついた物語の語り手――身体・病い・倫理』ゆみる出版（原著一九九五）
フレーフェルト、U．（二〇一八）櫻井文子訳『歴史の中の感情――失われた名誉／創られた共感』東京外国語大学出版会（原著二〇一一）

プラマー、K．（一九九八）桜井厚／好井裕明／小林多寿子訳『セクシュアル・ストーリーの時代――語りのポリティクス』新曜社（原著一九九五）
プランパー、J．（二〇二〇）森田直子監訳『感情史の始まり』みすず書房（原著二〇一二）
ベック、U．（一九九八）東廉／伊藤美登里訳『危険社会――新しい近代への道』法政大学出版局（原著一九八六）
ベック、U．／ギデンズ、A．／ラッシュ、S．（一九九七）松尾精文／小幡正敏／叶堂隆三訳『再帰的近代化――近現代における政治、伝統、美的原理』而立書房（原著一九九四）
ベック、U．／ベック゠ゲルンスハイム、E．（二〇二二）中村好孝ほか訳『個人化の社会学』ミネルヴァ書房（原著二〇〇一）
ホイジンガ、J．（二〇〇一）堀越孝一訳『中世の秋』中央公論新社（原著一九一九）
ホックシールド、A．R．（二〇〇〇）石川准／室伏亜希訳『管理される心――感情が商品になるとき』世界思想社（原著一九八三）
マクナミー、S．／ガーゲン、K．J．編（一九九七）野口裕二／野村直樹訳『ナラティヴ・セラピー――社会構成主義の実践』金剛出版（原著一九九二）
ミード、G．H．（二〇二一）山本雄二訳『精神・自我・社会』みすず書房（原著一九三四）
リースマン、D．（二〇一三）加藤秀俊訳『孤独な群衆』みすず書房（原著一九五〇）
ローズ、N．S．（二〇一四）檜垣立哉監訳『生そのものの政治学――二十一世紀の生物医学、権

力、主体性』法政大学出版局（原著二〇〇七）
――――（二〇一六）堀内進之介／神代健彦監訳『魂を統治する――私的な自己の形成』以文社（原著一九八九）
ローゼンワイン、B．H．／クリスティアーニ、R．（二〇二一）伊東剛史ほか訳『感情史とは何か』岩波書店（原著二〇一八）

Baumeister, Roy F., Jennifer D. Campbell, Joachim I. Krueger and Kathleen D. Vohs, 2003, “Does High Self-Esteem Cause Better Performance, Interpersonal Success, Happiness, or Healthier Lifestyles?”, *Psychological Science in the Public Interest*, 4(1): 1–44.

Cooley, Charles H., 1902, *Human Nature and the Social Order*, Charles Scribner’s Sons.

Côté, James E., 2019, *Youth Development in Identity Societies: Paradoxes of Purpose*, Routledge.

Elliott, Anthony, 2016, *Identity Troubles: An Introduction*, Routledge.

――――, 2021, *Reinvention*, Routledge.

Elliott, Anthony and Charles Lemert, 2009, *The New Individualism: The Emotional Costs of Globalization*, Routledge.

Gergen, Kenneth J., 1991, *The Saturated Self: Dilemmas of Identity in Contemporary Life*, Basic Books.

Holstein, James A. and Jaber F. Gubrium, 2000, *The Self We Live by: Narrative Identity in a Postmodern World*, Oxford University Press.
Rose, Nikolas S., 1985, *The Psychological Complex: Psychology, Politics and Society in England 1869-1939*, Routledge & Kegan Paul.

074
ほんとはこわい「やさしさ社会」
森真一
「やさしさ」「楽しさ」が善いとされ、人間関係のルールである現代社会。それがもたらす「しんどさ」「こわさ」をなくし、もっと気楽に生きるための智恵を探る。

079
友だち幻想
——人と人の〈つながり〉を考える
菅野仁
「みんな仲良く」という理念、「私を丸ごと受け入れてくれる人がきっといる」という幻想の中に真の親しさは得られない。人間関係を根本から見直す、実用的社会学の本。

136
高校生からのゲーム理論
松井彰彦
ゲーム理論とは人と人とのつながりに根ざした学問である——環境問題、いじめ、三国志など多様なテーマからその本質に迫る、ゲーム理論的に考えるための入門書。

156
女子校育ち
辛酸なめ子
女子100%の濃密ワールドの洗礼を受けた彼女たちは、卒業後も独特のオーラを発し続ける。文化祭や同窓会潜入も交え、知られざる生態が明らかに。LOVE女子校!

226
何のために「学ぶ」のか
——〈中学生からの大学講義〉1
外山滋比古/前田英樹/今福龍太
茂木健一郎/本川達雄/小林康夫
鷲田清一
大事なのは知識じゃない。正解のない問いを、考え続けるための知恵である。変化の激しい時代を生きる若い人たちへ、学びの達人たちが語る、心に響くメッセージ。

ちくまプリマー新書

238
おとなになるってどんなこと？
吉本ばなな
勉強しなくちゃダメ？　普通って？　生きることに意味はあるの？　死ぬとどうなるの？　人生について、生まれてきた目的について吉本ばななさんからのメッセージ。

256
国家を考えてみよう
橋本治
国家は国民のものなのに、考えるのは難しい。日本の国の歴史をたどりつつ、考えることを難しくしている理由を探る。考え学び続けることの大切さを伝える。

287
なぜと問うのはなぜだろう
吉田夏彦
ある／ないとはどういうことか？　人は死んだらどこへ行くのか――永遠の問いに自分の答えをみつけるための、哲学的思考法への誘い。伝説の名著、待望の復刊！

291
雑草はなぜそこに生えているのか
――弱さからの戦略
稲垣栄洋
古代、人類の登場とともに出現した雑草は、本来とても弱い生物だ。その弱さを克服するためにとった緻密な生存戦略とは？　その柔軟で力強い生き方を紹介する。

303
先生は教えてくれない就活のトリセツ
田中研之輔
内定が出る人には理由がある。会ってみたくなるＥＳ、インターンの有効活用法、人事担当者がどこをみているかなど、成功するためのメソッドを伝授する。

ちくまプリマー新書

ちくまプリマー新書

401
学校はなぜ退屈でなぜ大切なのか
広田照幸
「道徳は教えられるか」「学校の勉強は仕事に役立つか」「教育は格差を解消できるか」「AI社会で教育は変わるか」――広い視点と多様な角度からとらえなおす。

402
ヤングケアラーってなんだろう
澁谷智子
中学校の1クラスに2人はいる――家族の世話や家事を行う子どもたちを指す「ヤングケアラー」。彼らがおかれた状況や支援の取り組みを知るための一冊。

405
「みんな違ってみんないい」のか？
――相対主義と普遍主義の問題
山口裕之
他人との関係を切り捨てるのでもなく、自分と異なる考えを否定するのでもなく――「正しさ」とは何か、それはどのようにして作られていくものかを考える。

410
歴史学のトリセツ
――歴史の見方が変わるとき
小田中直樹
歴史って面白い？ つまらないならその理由を探るべく、歴史学の流れを振り返ろう。事実、記憶、視野の大小など、その変化を知れば、歴史の考え方が変わるはず。

411
大都市はどうやってできるのか
山本和博
東京は「人が多すぎる」とは言えない⁉ 世界の都市化が急速に進むいま、人々がひとつの地域に集まる原理から現代の課題まで、都市経済学から考える。

ちくまプリマー新書

412
君は君の人生の主役になれ
鳥羽和久
管理社会で「普通」になる方法を耳打ちする大人の中で育ち、安心を求めるばかりのあなたは自分独特の生き方を失っている。そんな子供と大人が生き直すための本。

423
増えるものたちの進化生物学
市橋伯一
生命と非生命をわけるもの、それは「増える」ことである。増える能力は生命を悩める存在へと変えてしまった——生命の起源と未来を見つめる知的問答の書。

426
嫌な気持ちになったら、どうする？
——ネガティブとの向き合い方
中村英代
ちょっとした不安から激しい怒りまで、気持ちがゆれることは誰にもある。でも、それに振り回されるのではなく、性質や特徴を知ってこの気持ちに対処しよう。

427
客観性の落とし穴
村上靖彦
「その意見って、客観的なものですか」。数値化が当たり前になった今、こうした考え方が世にはびこっている。その原因を探り、失われたものを明らかにする。

432
悪口ってなんだろう
和泉悠
悪口はどうして悪いのか。友だち同士の軽口とはなにが違うのか。悪口を言うことはなぜ面白い感じがするのか。言葉の負の側面から、人間の本質を知る。

ちくまプリマー新書

ちくまプリマー新書

470
ぼっちのままで居場所を見つける
――孤独許容社会へ
河野真太郎
孤独を救うのは個人のつながりだけなのか。英文学の名著から映画・漫画までを網羅して読みとき、幸福な孤独のある社会を想像する。新しいカルチャー批評。

475
はじめての戦争と平和
鶴岡路人
話し合いができれば戦争は起きないはずだ。軍隊がなければ平和になる。本当にそうでしょうか？　国際関係の読みとき方を知り、これからの安全保障を考えます。

477
よりみち部落問題
角岡伸彦
たまたま被差別部落に生まれたために、部落問題についてあれこれ思い悩んだ半世紀。記者として取材した差別、共同体の過去・現在・未来、今こそ語りあかす。

483
国際協力ってなんだ？
――つながりを創るＪＩＣＡ職員の仕事
大河原誠也編
ホンジュラスで柔道、広島で大縄跳び。東京で書類づくり、バングラデシュで堤防づくり。ＪＩＣＡ（国際協力機構）若手職員が語る、人と協力する仕事のリアル。

486
自己肯定感は高くないとダメなのか
榎本博明
高校生の7割が「自分はダメな人間だ」と思うことがある。その心理メカニズムを解明すると、何を鍛え何を高めればいいのか、自己肯定感を育む方法が見えてくる！

chikuma primer shinsho

ちくまプリマー新書487

社会《しゃかい》は「私《わたし》」をどうかたちづくるのか

二〇二五年四月十日　初版第一刷発行
二〇二五年六月五日　初版第二刷発行

著者　牧野智和（まきの・ともかず）

装幀　クラフト・エヴィング商會

発行者　増田健史

発行所　株式会社筑摩書房
東京都台東区蔵前二‐五‐三　〒一一一‐八七五五
電話番号　〇三‐五六八七‐二六〇一（代表）

印刷・製本　中央精版印刷株式会社

ISBN978-4-480-68516-2 C0236 Printed in Japan